私は、看取り士。

わがままな最期を支えます

柴田久美子

佼成出版社

まえがき

看取りはいのちのバトンの受け渡し

なぜ今「看取り士」が必要なのか

私が看取りの活動を始めてから25年、「看取り士」と名乗るようになって6年が経ちました。看取り士は、旅立つ方のおそばに最期の瞬間までいて、その方の旅立ちを見守り、見送る役目をします。

私は、昔勤務していた老人ホームで苦い経験をしています。間もなく旅立ちを迎える利用者さんを、その方の意志に反して施設の判断で病院に搬送するという現場を何度も目の当たりにしたことです。以来、「看取る」ということにこだわり続けてきました。

独立した当初は島根県にある離島で一人細々とやっておりましたが、そのうちに共感してくれる仲間に出会い、２０１２年に「日本看取り士会」を設立。今では、全国に３５０人以上の看取り士の仲間ができました。多くの方から看取り士の必要性を感じていただき、その数は現在も増え続けています。また、これまで、私たちの活動にご賛同、ご協力、ご支援くださった方もたくさんいらっしゃいます。そうしたお一人お一人のご協力があり、ここまで看取りの活動が続けてこられましたことに、心から感謝申し上げます。

＊

私は看取り士になる前、日本マクドナルドで16年間働きました。私が入社した当時のマクドナルドは、全国に27店舗しかなく、その後急成長を遂げていきます。負けん気の強かった私は、バリバリと仕事をこなして店長まで経験させてもらい、仕事のやりがいも十分に感じていました。伸び盛りの時代のマクドナルドで仕事ができたことは、本当に貴重なことでした。

しかし、働きづめでいつも仕事の虫だった私は、結婚、出産をしたものの、家庭を顧みる余裕はありませんでした。家族とうまくやっていくことができなくなり、やがてストレスから酒におぼれるようになっていきました。

そして衝動的に大量の睡眠薬を飲んでしまいます。ただ〝楽になりたい〟一心でした。

当時のことを今振り返っても、あのころの自分はどこかおかしかったと思わざるを得ません。救急搬送をされて一命を取りとめたものの、その後の私に待っていたのは大切な家族との別離でした。

何もかも失い、独りぼっちになった私は高齢者介護の世界に飛び込みました。そこで見つけたのは、人がいのちをまっとうすることの美しさ、尊さでした。私は介護の世界に没頭し、利用者の方と心を通わすことに喜びを見出しました。日々、彼らの世話を通して自分の中に膨れ上がる幸福感は、まさに傷ついた私の心を癒してくれたのです。

ところが、ここでもまた挫折を味わいます。お互いに信頼し合っていた利用者さんとの約束を守れなかったのです。高級老人ホームで出会ったその方は、私に最期まで看てほしいとおっしゃっていました。私もその方をお看取りするつもりでいたのです。

しかし、実際にその方がお倒れになると、「ご家族の意志だから」ということで、施設はその方を病院に送りました。ご本人は施設での最期を希望されていたのに、それも叶わず、身内でもない私はそれを見ているしかありませんでした。

その後、その方は病院でお亡くなりになりました。ご家族は祈り、医療者は最善を尽くしたことと思います。しかし、人の最期に関しては、今の医療の仕組み、社会の価値観も含めて、決してご本人の意志通りにはならないのだという現実を思い知らされた経験でした。

医療機関のない島にでも行けば、幸せな最期をお看取りできるのではないかと考えた私は、その後、島根県にある離島に移り住み、看取りまで付き添う看取りの家「なごみの里」を開設しました。

この島は老人ホームなどない土地で、独居での生活力や家族による介護サポートがなければ、島を離れて本土の病院へ送られるというのが常でした。

その土地で私は尊敬するマザー・テレサのように、孤独に逝く人たちに人生の最期の瞬間を幸せに過ごしてもらいたいと考えました。島では、人間は自然とともに生きています。私はそんな土地でまさに自然の中を生き抜いてきた高齢者の方々を看取るための看取りの家の運営を始めたのでした。

当時は「看取り士」なんて言葉もない、0(ゼロ)からのスタートです。島の中で私のしようとすることをいぶかしく見ている人もたくさんいましたが、一方で、応援してくださる方も一人、二人と増えていきました。私は13年の歳月をこの島で過ごし、島の内外で合計50人以上の方を看取りました。

２０１2年に拠点を鳥取県に移し、「日本看取り士会」を設立。看取りの尊さを多くの方と共有するため、２０１４年に「第一回　日本の看取りを考える全国大会」を開催しました。今の日本が、あまりにも家族の心が離れていたり、死を恐れていたり、〝幸せな最期〟とは程遠い現実ばかりだったからです。

もともと私たち日本人は、死ぬときは子供や孫などの家族に囲まれて、自分の住む家で逝ったものです。それがいつの間にか、「死ぬのは病院が当たり前」になっています。

２０１２年に行われた「終末期、看取りについての国際制度比較調査」によれば、日本人の自宅での死は、全体の12％程度で、88％は病院、診療所、ホスピスなどの医療施設です。一方、約55％の人が自宅で死を迎えることを希望しています（「高齢者の健康に関する意識調査」内閣府、２０１２年）。

つまり、半数以上の高齢者が自宅で最期を迎えることを希望しているにもかかわらず、実際に希望が叶っているのは7〜8人に1人だけなのです。

また厚生労働省が行った「人生の最終段階における医療に関する意識調査」（2018年）では、「人生の最終段階における医療について家族と話し合ったことがあるか」という質問に、「全く話し合ったことがない」という回答が約56％でした。多くの人が自分の死のことを生きているうちに考えず、「誰かがなんとかしてくれる」と考えてきた結果、今の現実が出来上がってしまったのではないでしょうか。

近年「終活」という言葉も一般的になり、自分の死について考えたり、エンディングノートを残す人が増えています。そのときに、「自分の最期をどのように看取ってもらいたいか」という項目も加えてほしいと思います。

私たちはまだまだ「死」に対して、「怖いもの」「忌み嫌うもの」という意識が消えていません。しかし、これまで200人以上看取ってきた私の経験から、死とは怖いものでも、忌み嫌うものでも、敗北でもありません。

幽体離脱や臨死体験をしたことのある人が、死後の世界のことを美しく光り輝いて幸せな良いところだった、懐かしい顔ぶれに会って、みんな幸せそうだったなど と、よく描写しています。

私も幼いころに臨死体験を経験して、そのような感覚を味わいました。あんなきれいで幸せなところに行くのであれば怖くないとわかり、以来、死ぬことが怖いと思ったことはありません。

大切な人の死は、悲しくつらいものです。しかし、「看取り」とは逝く人にとっても、看取る人にとっても言葉にすることのできないほどの大きな喜びや感動を与えてくれます。瀬戸内寂聴さんはこれを、「人は人生の最期を迎えるとき、25メートルプール529杯分の水を瞬時に沸騰させるほどのエネルギーを生む」と言いましたが、そのエネルギーを生きている人に与えながら旅立つのです。その人の人生をかけて、いのちのバトンを次の人に渡すというのは、それほどすごいイベントなのです。

きちんと看取り、魂のリレーができたとき、人はその死を悲しくつらい思い出として思い返すのではなく、その人の魂（いのち）が自分の中に宿っているように感じるのです。「看取り」というのは、これほどまでにパワフルで大切なことなのです。

私はこれまで、数多くのそうした慈愛に溢れた現場にふれてきて、ぜひ、この感動を一人でも多くの人に体験してもらいたいと切に願い、活動させていただいております。本書では、私が実際に出会った幸齢者さま（人生で大切なことを教えてくださる方という意味で、私は高齢者を「幸齢者」とお呼びします）、余命を宣告された方々とそのご家族とのふれ合いを中心にご紹介いたします。基本的には、仮名でご登場いただきます。

日本は今、２０２５年問題という大きな節目を目前にしています。２０２５年に、約８００万人の団塊の世代が75歳以上の後期高齢者になるという時代に突入するのです。２０３０年には、その中の約47万人が「死に場所難民になる」と厚生労働省は発表しています。また、日本はすでに4人に1人は65歳以上の高齢者という、超高齢社会を迎えており、高齢者の孤独死も増えていくだろうと予測されています。

しかし、すでに申し上げたように、死は悪いものでも、怖いものでも、ましてや穢《けが》れたものでもなく、むしろ、ものすごい量のエネルギーを放出する、その人の人生にとって最も大きな愛に溢れたイベントなのです。

その場でエネルギーを受け取り、いのちのバトンをつないでいくことは、感動的な体験となるでしょう。

ただ、残念なことに、現在の医療や社会の仕組みの中では、医師が「ご臨終です」と言ったら最後、直後からバタバタとご遺体を移動し、家族がゆっくりとお別れをする時間すらありません。そんなお別れは空《むな》しいではありませんか。

目次——CONTENTS

第4章　最期くらいはわがままでいい——179

カバーイラスト
one line man
（Shutterstock）

本文イラスト
畠中美幸

装丁
髙林昭太

私は、看取り士。

わがままな最期を支えます

柴田久美子

第1章

抱いて〝看取る〟ということ

死は怖いものでも忌み嫌うものでもない

日本人の死生観、つまり、死に対する観念は、死を怖いものであるとか、忌み嫌うものと考える傾向が強いように感じます。私は自分自身の幼いときの体験から、死に対してそういうイメージがなかったのですが、一般的に、死に対する観念が、暗く悲しい雰囲気をまとっているため、私が「看取り」のお話をすると、皆さん、一様に驚かれます。

私がお話ししたいのは、「死」はとても温かく、愛に溢れたものなのだということです。

日本の医療教育の現場では、「患者を死なせてはならない」「死は敗北」と教えているそうです。それでなのですね、医師は病床にいる人を生かすために、ありとあらゆる手を尽くします。ですから、病院は生きるための施設であって、死に方を教えてくれる場所でも、死とは何かを教えてくれる場所でもありません。

医師がお薬をたくさん出すのも、延命治療をするのも、医療者には医療者の正義があり、皆、その〝正義〟の中で、できる限りの判断をしているのです。

ところが、医療者は「死は敗北」と教わっていますから、実際に死を前にすると、何をすれば良いのかわからず、敗北感だけを抱くようです。果たして、死は敗北なのでしょうか。

もちろん、私はそうは思いません。

死とは、愛が循環する場だと思っています。

私の敬愛するマザー・テレサから受けた言葉、「人生の99パーセントが不幸であったとしても、最期のときが幸せなら、その人の人生は幸せなものに変わる」――。

まさに死の介在する現場において幸せが溢れているのです。このことを知ってから、私は「看取り」をこの国中に広げたい、そして世界中の人にも知ってもらいたいと願い、「看取り士」としての活動を続けているわけです。

初めに、私の死生観を構築することになった幼少期の体験からお話しさせてください。

小4のときの不思議な体験

私は5人兄妹の末っ子として、島根県出雲市に生まれました。父が38歳のときに生まれた末っ子で、しかも女の子だったので、両親は私のことをとてもかわいがってくれました。

子供のころの私は病弱でした。小児ぜんそくにもなっており、夜中に発作を起こしては診療所の医師に診察に来てもらうことも頻繁にありました。

小学4年生のときは、生死の境をさまよったこともあります。その夜も発作を起こし、往診の医師を呼んでもらいました。

そのとき、布団で寝ているはずの私は、医師と父が玄関先でひそひそと話している姿、私の体を抱きしめて涙を流す母の姿を天井の高いところから見たのです。「お母さん、私は苦しくないよ、大丈夫だよ」と母に声をかけるのですが、その声は届いていないようでした。

肉体の私はぜんそくで苦しんでいたのですが、天井から見下ろしていたときの私は、苦しみなんて、まったく感じていませんでした。

翌朝目を覚ますと、私は母の腕の中にいました。子供だったので、前の晩にあった出来事を特に疑問に思うこともなく、それが当たり前で、誰にでもあることなのだと思っていました。あの不思議な体験は臨死体験だったのだと知ったのは、ずっと後になってからのことです。

私がこの体験から感じたことは、「肉体」というのは借り物の器であって、本当の自分は「魂」なのだということでした。魂の状態で自由に動き回れることがとても楽しく、子供の私は「こんなふうに体を出たり入ったりできるって、面白い」と無邪気に思っていました。そして、「死ぬってこういうことなのかしら？　だったら全然怖くないわ」と思ったのです。

後に多くの人から臨死体験の話を聞くことになりますが、臨死体験を経験された人は皆、死を怖いものとは捉えていません。むしろ、「光に包まれて、とても温かくて気持ちが良く、とても幸せな世界だった。あんなに幸せならば、また行ってみたいと思う」と、口を揃えて言います。

私にはその感じがとてもよくわかります。この幼いころの臨死体験が、後に私をバリバリのキャリアウーマンから介護士、そして離島での看取りの生活へ導いてくれたのではないかと思います。

有料老人ホームで介護の仕事をしてから離島へ移住し、そこでも影響を受けた出会いや、その後の看取り士の大切な基礎を築いてくれた出来事がありました。

私が島に移り住んで、最初にヘルパーとして担当した信子さんとそのご主人は、今の私の看取りに対する考え方とスタイルの原型となっています。

ご主人は要介護度5の全盲の方で、90代の信子さん自身も腰が〝くの字〟に曲がり、杖をついて歩行していました。ご自身も介護が必要なほどの体なのに、その状態で全盲のおじいちゃんを一人で看ていたのです。しかも、家の前にある畑では野菜が育っています。すべて信子さんが栽培していたのです。

ご主人を介護する姿も衝撃的なものでした。

「じいやん、ごはんだよっ」と言って、布団で寝ているご主人を抱き起こし、ご主人の背後から腕を回して食事を食べさせるのです。まるで乳児に離乳食をあげるかのように。私には信子さんのそんな姿がまぶしくて新鮮でした。そして、あっけにとられている私に、「あ、柴田さん、コーヒーでも飲んでって」と言って、コーヒーを淹《い》れてくれるのです。

信子さんの姿は、都会から移住してきたばかりの私には十分すぎる衝撃でした。と同時に、「人間ってこんなに強いんだ」と感じました。介護ベッドをはじめとする介護用品のない中で、二人でしっかりと人間らしく生きているのです。

「なんだろう、あの豊かさは……。きれいな施設、整った環境は一つもないけれど、豊かさって、多分、おばあちゃんがああやって抱いてごはんをあげることなんだ。あれでいいんだよね」と感動したのです。

今、私がかかわる看取りの現場では、抱いて看取ることを推奨しています。看取りで行う抱いて看取るポーズは、もともとは、信子さんの介護の姿にも影響を受けています。

人は自分らしく生きるためにわがままになっていい

敬愛するマザー・テレサのように、愛を伝える人になりたいと、「看取り士」を名乗って活動を続けているわけですが、私の中で大きな気づきとなった看取りが二つあります。

一つ目は、34人目に看取った男性です。福田敏夫さん（享年74歳）は、認知症で、性格的にはいわゆる〝わがまま〟な方でした。「ベッドはいや」「妻以外の女性に体を触られたくないから、入浴介助は男性でないといや」と、いやなことは絶対にいやだと頑《かたく》なに貫き通す人でした。実を言うと、周りからは、「わがままなおじいさん」「扱いにくい人」と、変人扱いをされていました。

ところが、看取りのとき、私はいつもするように敏夫さんの体を抱きかかえていて、それまで感じたことのない感覚を体験したのです。

それは、敏夫さんの体が熱いどころではなく「ものすごく熱かった」のでした。抱いているとこちらまで汗をびっしょりかくほどで、最初は「なんだろう」と驚いたのですが、やがて、「これは敏夫さんから発せられるエネルギーなんだ。敏夫さんのエネルギーは普通の人よりもすごく大きいんだ」ということに気づきました。

この「エネルギー」というのは、その人が持って生まれた魂の大きさに、一生をかけて蓄えていく愛のエネルギーのことをいいます。

体にふれているといつもそうなのですが、言葉や見た目だけでは感じることのできないものを感じ取れます。このときも、敏夫さんから発せられるエネルギーを感じていました。ところが、そのエネルギーの量というか、パワーというか、敏夫さんのものは、これまでに経験したこともないほど大きくて熱いものだったのです。おそらく、敏夫さんの魂は、とても大きなもので、その大きさは器である肉体がコントロールすることが難しいほどだったのではないかと、私は推測しています。

もしかしたら、魂のパワーがものすごく強い人は、肉体という器の大きさに収まり切らないのかもしれません。それが人間として形成されたときに、「わがまま」だとか「偏屈」だとか「変人」と呼ばれることになってしまうのかもしれません。たとえるならば、肉体が、強大な魂を乗りこなせないというか……。しかし、強い魂からは学べることがあります。

私は、敏夫さんから発せられるものすごい量のエネルギーに圧倒されながら、「ああ、人は社会のルールに反してさえいなければ、自分らしくわがままに生きていいんだ。むしろ、自分の心が喜ぶ生き方をすることが大切なんだ」と感じたのです。

普通は、亡くなられたら、手やほおから徐々に冷たくなっていくものなのですが、敏夫さんの場合は違いました。敏夫さんは息を引き取ってからも、いつまでもいつまでも体が熱いままでした。あまりに熱かったので、結局、死後7時間以上も抱き続けていました。長い間熱くて離せなかったのです。「こんなにあったかいのに、私が離れちゃだめ。抱き続けなきゃ――」。そう、強く感じていました。

この体験で、私は、初めて看取りの意味がはっきりとわかりました。それは、「看取りというのは、その方がお亡くなりになられてから何時間もかけてエネルギーを放出していくのだ」ということです。今では私たち看取り士が当たり前のように行っていることですが、それまでの看取りは、お亡くなりになって30分から長くて1時間、何時間も抱き続けているわけではありませんでした。

でも、敏夫さんを7時間抱きしめて、私はこのとき初めて、自分がそれまで何も理解していなかったことに気づきました。それまでは息を引き取るまでが看取りだと勘違いしていたのですが、息を引き取った後も抱き続けることが重要だと教えていただきました。〝前だけ〟とか、〝後だけ〟ではなく、前後を通してこそ、魂のリレーが完結するのです。

「私は何も知らないで看取っていた。看取り士だなんて言っておきながら、これまで見送ってきた方々に、本当に申し訳なかった……」。そう、ご縁のあった方々に心の中でお詫びしました。自分の不甲斐なさ、未熟さを思い知らされました。「こんなにも温かくて幸せなものを、ちゃんと受け取らずに申し訳なかった……」と、今でも悔やんでも悔やみ切れません。

敏夫さんの魂は、「自分がいやなことはしなくていい」「無理はしなくていい」、そして「喜びを感じられる生き方をしよう。それこそが魂を磨く道だ」という、とても大切なことを教えてくださいました。

このように教えていただいた私たちは、自分を大切にして、ありのままの自分を認め、喜びが感じられる生き方を選択して日々を過ごしたいものです。それこそが、私たちがこの世に生まれ落ち、この人生をまっとうするための人間本来の生き方なのではないでしょうか。

人間は死んだら「愛」になる

もう一つのターニングポイントといえる出来事は、山部郁子さん（享年92歳）の看取りです。郁子さんからは「空間が愛」だということを教えていただきました。

最初に郁子さんのご自宅にお伺いし、玄関を開けて、中に入らせていただいた瞬間、「あ、ここは空気が違う！」と感じました。そのときにはすでに旅立ちの直前だった郁子さん。ベッドに横たわるその郁子さんの首の後ろあたりから霧か水蒸気のような気体のようなものが部屋中に充満して、それが明かりに照らされて部屋中がキラキラしているように見えたのです。

「きれいだな、これが人間なんだ」と思ってずっと見ていたのですが、やがてそれが「愛」という漢字に変わっていくのです。次々に「愛」という文字が現れて、部屋中を満たしていきます。キラキラとした輝きの中で、「愛」という字がきらめいていました。そのとき、「ああ、私たちの存在って単純に〝愛〟なんだ」と妙に納得したのです。

何がうれしいって、〝愛〟が空間いっぱいに広がるということは、亡くなった方は瞬時に愛に変わって、私たちのところに来ることができるということではありませんか。

そんなふうに見える私が特別なわけではなく、これは看取りを経験するとみんな見えるようになるものだと思うのです。こうして、私たちは、いつもいつも旅立つ方から教えてもらっています。そのたびに、本当に彼らは天使になっているのだなと感じるのです。

旅立つ人の周りはパワースポット

敏夫さんや郁子さんの体験からもわかると思いますが、旅立つ人の周りは、自然とパワースポットになっていると言ってもいいと思います。旅立つ人が、その過程で〝いのちのエネルギー〟を周囲に放出し、愛をふりまいているわけです。同じ空間にいるだけで、私たちはそのエネルギーのシャワーを浴びているようなもので、まさにパワースポットです。

よく「パワースポット巡り」などといって、神社仏閣巡りが話題に上りますが、遠くに行く必要なんてまったくなく、パワースポットは身近にあるのです。

旅立つ方は、自分が旅立つことを理解しています。ちゃんとそのお迎えが来て、自分も逝く準備ができたとき、その方は、私たちのような健康な人に比べて肉体こそ自由に動かせませんが、私たちに「何事も当たり前じゃないんだよ」という、さまざまな気づきを与えてくれます。

この域に到達すると、彼らの魂は完成度が高くなっています。私たちが偏見や先入観を捨てて心をオープンにしていくと、彼らの愛が私たちの中に流れ込んでくるようになります。

ですから私たちも神社仏閣にお参りするときと同じように、心を整える必要があります。参拝の前に鳥居の前で静かに手を合わせたり、手水《ちょうず》で身を浄めたりといった作法の手順を踏むように、看取りにも作法があるのです。

幸せな最期の三つの条件

旅立つ方には、できる限り幸せな最期を迎えていただきたいと思います。幸せな旅立ちのためには、三つの条件が必要です。

① 夢があること

「死を前にして、夢が必要なの？」と思われるでしょうか？

たとえ、この人生では最後の時間であったとしても、自分の魂が縁ある人々の心の中で生き続けるのだという死生観を持っていたり、自分の魂のエネルギーを子孫に渡したり、それにより、自分という存在が子々孫々に生き続けるということを考えてみてください。そう考えると、肉体の時間には限界がありますが、魂の時間は永遠であることが想像できるかと思います。最期の場面における「夢」とは、旅立つ人が前を向いていくために大切なものなのです。

② 支えてくれる人がいること

まず考えられるのが、ご家族、ご親族です。人は誰しも他者に認められること、たとえば「奥さんに愛されている」「親が認めてくれた」などというときに幸せを感じるものです。心理学で承認欲求といい、〝誰かが認めてくれる〟ことは、私たちが生きていく上で非常に大切なことです。逆を言えば、これがなければ、人は生きていけません。それくらい、人間というのは支え合い、頼り合って生きているのです。

愛する人のぬくもりほど安らぎを感じるものはないのです。

③ 自分で決める自由があること

私たちは誰からも束縛されることなく、物事を自由に判断して、行動ができます。ところが、人生の最期となると、体の自由がきかず、自分の意志とは異なる判断が家族や医療者から下されることが多々あります。「残された時間は家族とゆっくり過ごしたいから、自宅に帰りたい」と言って、誰もがそれを実現できるわけではありません。

今の日本は、半数以上の人が「自宅で最期を」と望みながらも、10人中8人が病院で最後を迎えています。

自分が望む暮らしを最期までできることが〝自由〟であり、〝尊厳〟なのです。「延命治療を行うのか、行わないのか」「どこで最期を迎えたいか」。そういった自分の希望が実現する環境にいることが、本当の自由です。

死を前にして感じる四つの苦しみ

国連の世界保健機関（ＷＨＯ）では、ガンの緩和ケアの場において、四つの痛み、苦しみが存在すると定義しています。その四つとは、「身体的な苦しみ」「精神的な苦しみ」「社会的な苦しみ」「スピリチュアルな苦しみ」です。これらはまさに、「死」を前にして感じる苦しみと同じです。

①身体的な苦しみ

末期ガンの場合もそうですが、身体的な痛み、苦しみというのがあります。身体的な苦痛は、人を精神的にも痛めつけ、生きることに対する希望を奪いかねませんので、できる限り取り除く努力が必要です。現代医療では、鎮痛剤の投与などで身体的な痛みを和らげる方法はいくらでもあります。必要ならば医療を使って身体的な苦痛を取り去ることが、幸せの大きな条件となります。

②精神的な苦しみ

体が思うように動かせなかったり、状態が良くないことへの苛立ちから気持ちが落ち込みます。また、身体的な痛みが続くと精神的な苦しみにつながることがあります。人への不信感が募って苦しみが増す場合もあります。

たとえば、余命1カ月の宣告を受けて、「最期は家で過ごしたいと家族に頼んだが受け入れてもらえない」といったことがあると、健康なときに自由だっただけに苦しみが大きくなります。幸せな最期の条件の中にも「自由があること」が登場しますが、体が思うように動かなくなると、精神にも影響しますので、希望が通りやすい環境があることは大切です。

③社会的な苦しみ

家族から離れていく孤独感や、社会から一人取り残されるような寂寥感《せきりょうかん》による苦しみです。できる限りご家族やご友人と一緒の時間をつくり、その時間を大切にしましょう。また、患者と社会のつながりを大切にしていく必要があります。支える人の有無と、本人が抱える寂しさへの理解が、この苦しみの度合いに関係します。

④スピリチュアルな苦しみ

スピリチュアルな苦しみ、痛みというのは、とてもわかりにくい類のものです。スピリチュアルな痛みについては、人生の意味、死の恐怖、死生観に対する悩みなどが挙げられます。自分の中心である魂がどういうことに恐怖を感じるかで、その引き金が異なってくると思いますが、自分という存在そのものを否定されたときに起こると考えられています。

木佐聡希さん（享年59歳）は、まさにこの四つの苦しみを経験された方でした。木佐さんは、40歳のときにパーキンソン病を発病しました。絶望の中で彼女が見つけ出した生きる希望は「写真」でした。愛用の一眼レフを相棒に、毎日のように愛する花々をファインダーに収めるようになりました。やがて、その写真の数々は、写真集『花想――パーキンソン病18年の軌跡』（セントプリンティング）として出版されました。身体的な苦痛、精神的な苦痛を乗り越えて、彼女は自分の生きた証を残そうとしたのです。

人生の最後の2年間を彼女は、看取りの家「なごみの里」で過ごしました。そのころの彼女は、体重はわずか28キロ。やせ細った体に一眼レフのカメラは重すぎました。私たちスタッフは、安全のために「軽いカメラを使ってください」と頼み込みましたが、木佐さんは頑として譲りません。彼女にとって、生きがいともいえる写真を諦めなければならないことは、社会的な苦痛、さらにはスピリチュアルな苦痛も意味します。そこで、私は「これで写真を撮り続けてください」と携帯電話を渡しました。木佐さんは、しぶしぶながら、私の気持ちを酌んでくださり、携帯電話についているカメラ機能で毎日写真を撮り続けました。

その後、木佐さんは肺炎で入院し、自らの選択で胃ろうをつけることになりました。退院予定日の2日前、食べることが好きだった木佐さんは医師に、「退院したら、食べてもいいですか？」と尋ねました。そのとき、先生はきっと忙しかったのだと思いますが、「だめです」とそっけなく否定したのです。

木佐さんは、翌日、旅立っていかれました。

生きる希望とは、自分が生きている意味があるからこそ湧くものです。自分で何もできなくなった木佐さんが最後に求めたのが、口から何かを食べることだったのだとすれば、食べることすら許されないことで、自分の存在すら否定されたような気持ちになったのではないかと思います。

あのとき、ハチミツ一さじでも、砂糖一粒でも口にすることを医師が許可していたら、木佐さんはあんな急な逝き方をしただろうか、と今でも考えることがあります。それくらい、人にとっては「自分の生きる意味」は大切なものなのです。

実はこのようなケースはしばしば起こっているように感じます。何気なく言った一言が、その人をひどく傷つけてしまい、生きる気力をなくすほど失望させてしまうのです。

介護や看取りをする場合は、相手を深く理解しようと努めます。理解したくてもすべてを理解できないのが現実なのですから、不用心な一言で希望を失わせて、苦しみを与えてしまうような不幸なことは、避けたいものです。

幸齢者さまの孤独

私たちは歳を取るにつれ、だんだんと、それまでできていたさまざまなことができなくなっていきます。若くて元気なときは、自分で行きたいところに行き、やりたいことをやれていたのに、生活する上での身の回りのことが難しくなり、人を頼らざるを得ない。やがて、自力で立ち上がれなくなり、何をするにも介助が必要で、人の手を煩わせないと生きることも困難になっていく……。こういう過程を経ていく中で、だんだんと生きる希望がなくなっていく人もいます。

自分の向かっている先は「死」ですが、それはいつくるかはわからない。それまで、悲しみも、つらいことも、苦しいことも、孤独も、すべて抱えながら生きるのです。さらに今の超高齢社会の中、超高齢の身内の介護をする子供の世代も高齢化しています。子供に先立たれる超高齢者の方もいるでしょう。

欧米には、幸齢者や回復の見込みのない病人が、自分の人生の最期を自分で決めることのできる「安楽死」という概念が受け入れられている国もあります。脚本家の橋田壽賀子さんが安楽死を希望されていますが、現在の日本では安楽死は違法で、すぐには合法化されないでしょう。

幸齢者さまの持つ孤独な気持ちは、離島の「なごみの里」の入居者の方々から教えてもらいました。

その一人に、サトさん（享年97歳）がいます。寝たきりの状態で入所されたサトさんは、「みんなも97歳にならんと、ババのこの気持ちはわからん」が口癖でした。

その言葉から、サトさんの中にある埋めようのない孤独を感じたものです。

ある日、こんな会話がありました。

「いつまで続くんかなー」

「何が？」

「寝たきりのまんま、いつまで生きるんかの」

「サトさん、これまでお舅さん、お姑さん、お父さんと随分、世話したんやから、皆にその分返されてからしか逝けんよ」

「そうか、わしはこんな体でも長生きしていいんだな」

入所してから、サトさんの祈る姿を何度も目にしました。寝たきりのお体で90歳を過ぎてから他人と一緒に暮らすことは、簡単なことではないでしょう。さらに死という壁を一人で乗り越えなければなりません。死を受容するのは、何歳であっても簡単なことではないのです。どんなに死の孤独の中にあろうとも、声を出して泣くこともせずに、背を丸め、顔を伏せて手を合わせて祈られていたサトさんの姿が忘れられません。サトさんの、「97歳にならんと、ババのこの気持ちはわからん」という言葉が今でも心に響いています。

ヨシノさん（享年92歳）も入居者のお一人。寝たきりのヨシノさんは、突然、機嫌が悪くなります。ある日、息子さんが訪ねて来たとき、寝ていたヨシノさんを起こさず、花だけ置いて帰りました。目が覚めたヨシノさんに食事介助をしながら息子さんからのお花を見せ、「いい息子さんだね、長生きしようね」と話をしていたら、突然、スプーンをポーンと投げ、「もういらん」と横になってしまいました。

普段は感情をなかなか表に出さないので、突然の感情の爆発に、「どうして、ごめんね。食べて。お願い、元気出して」と声をかけたのですが、ヨシノさんは心を閉じてしまいました。

寝たきりで生きなければならない悲しみの中にいると、こういう感情の爆発がときどきあります。

でも、その後すぐにヨシノさんは「すまんかったね」と、詫びてくださいました。誰しもが悲しみを持ち、その中で生きているのです。

人が死に対峙するときの、こうした基本的な傾向やメカニズムを知った上で、具体的な「看取りの作法」をご紹介しましょう。

看取りの作法

旅立ちを前にした方のそばに寄り添う際は、こちら側の気持ちを整えます。深い呼吸を何度か繰り返し、心を静めます。

旅立つ方のいらっしゃる空間に入ったら、常にゆっくりとした呼吸を心がけます。そして、その方の呼吸のペースに合わせます。

お体にやさしくふれながら、ご希望をお伺いします。

看取りに大切なのは、「傾聴」「反復」「沈黙」「ふれ合い」です。お返事に困ることがあれば、「大丈夫ですよ」とやさしく声をかけます。死の前には誰もが無力です。それは当然のこと。

そして、自分が無力であることを腹の底に持ち続けます。自分に何かできるなんて、とんでもない傲慢《ごうまん》です。何か特別なことをしようとする必要はありません。そもそも、無力な私たちにできることなんて、何もありませんから。

死のしばらく前は、人は寂しさや悲しさ、無念さなど、さまざまな感情が湧くものです。その感情を私たちが理解しようとしても難しいこと。これは、旅立つ人たちしか経験できないものなのです。

ただ、看取る側は、「少しでも精神的な支えになりたい」と願うものです。最善を尽くすためにも、ご本人のご希望をまず聞いておきます。看取りでは、彼らの言うこと、希望することはすべて肯定するのが大切です。ご本人と一緒にいる間、何かおっしゃられたら、その言葉を入れて肯定する形で言葉を返します。

たとえば、「体がだるいわ」とおっしゃられたら、その方の目線に合わせた位置からお体にそっとふれて、「お体がだるいのですね」とやさしく繰り返します。

何もおっしゃらないときは、こちらも何も話す必要はありません。死を前にした方々に対して、必要なのは言葉ではなく、その方の呼吸のリズムに合わせて、こちらも静かに呼吸をする「呼吸合わせ」だけです。呼吸が合うと、相手は安心感を抱くことができます。心を落ち着けて呼吸合わせを続けていると、その空間の空気が変わってきます。何も感じない場合も、特に気にする必要はありません。ただ、その方と呼吸を合わせることに集中します。

そして、「ふれる」「抱く」という動作が入ることで、愛のエネルギーを循環することができるようになります。昔から治療のことを「手当て」と言うように、体に手を当てる行為には不思議なパワーがあります。何も言わなくても、ただそっと手にふれるだけで、温かい気持ち、穏やかな気持ち、安心した気持ちが伝わります。肌にふれることは、皮膚にある触覚の受容体が刺激され、脳の視床下部からオキシトシンが分泌し、安心感をもたらすことが、科学的にも証明されています。ふれるという行為には、実はすごい癒しの効果があるのです。

医療や介護の従事者でない限り、人の死に頻繁に立ち会うようなことはありません。そういう状況に立ったとき、平常心を保つことは難しいものです。

過去に、幸齢の母親を介護している娘さんから、どうしたら平常心でいられるかと問われたことがあります。23年にわたってライフワークにしている「看取り士日記」に残してあるので、ご紹介します。

97歳の幸齢者さまのお宅を訪問する。寝たきりで言葉を話せない幸齢者さまの静かな寝息にホッとする私だ。唯一の介護者の娘さんが、「まだ私は介護をして初心者マークが取れないの」と笑顔で話される。そのお顔にはもう一年を迎える在宅での暮らしの満足感と自信が浮かんでいる。「柴田さん、どうすればいつも平常心で暮らせますか？」と娘さんが私に聞く。

「こうして言葉もなく、静かにお母さまと呼吸を合わせて、穏やかに生きることを教えていただくのです」と答える。母親のいのちを引き受けて生きる彼女の思いは、話を進めていくうちに、そのいのちの重みに耐えかねているようで、彼女の心の揺らぎがうかがえた。

「寒いから」と手袋をされているお母さま。その手袋に娘さんの温かな思いが私にも伝わってくる。

人が存在し、そして傍らにいることで言葉でない交流ができることの尊さを体験する。お互いにそこにいるだけで必要なのだと認め合うことの大切さ。静かな時間の中で私は教えていただく。

そんな中で、今まで抱きしめてお看取りをさせていただいたたくさんの方々の笑顔が浮かんでくる。二度と会うことができなくても、空を見て、星を見て、その人の笑い声や笑顔を思い出すことができるとき、人はどれほど心が慰められ、生きていく力を与えられることだろう。生きるものは死者によって生かされ、死者はまた生きるものによって生き続けていくことができる。「生と死」そして「死と生」はつながっているのだと思える瞬間だ。

旅立つ直前の魂は、天国と地上（肉体）を行き来し、私たちの魂すら導いてくれます。そのときにそばに添わせてもらうことで、私たちの魂も浄めてもらえるのです。看取りの時間とは、一人ひとりの魂と接する機会が与えられているときなのです。臨終期にある方こそが遺されたものにとっての師であり、私たちはそこから学ばせてもらえます。〝死〟の中にこそ、真の〝生〟があるのだと思います。

看取り士を活用するメリット

戦後から増加した病院死が8割になった今、死と直面したとき、対応に戸惑うのが普通でしょう。「ご家族だけではどうして良いかわからないときは、いつでも看取り士を呼んでください」と申し上げています。

私がこれまでに現場を見て感じていることは、〝ふれる〟という部分が圧倒的に不足していることです。ふれる機会を増やすだけで、互いの間の壁が薄くなり、気持ちが通じ合いやすくなります。「いきなり抱きしめるなんてできない」「恥ずかしい」「照れくさい」という場合は、まずは手にふれる、肩にふれるなど、自分がふれやすいところから始めてみてください。

何事も、不安になる理由は、「わからないから」です。いまわの際に現れる体の変化はご存じですか。「自宅での看取り方がわからなくて不安だ」という声もよく聞きます。

看取り士が入るだけで、現場は落ち着きます。なぜなら、看取り士はやるべきこと、やるべき手順を知っているからです。事実、私たち看取り士は、在宅医、訪問看護師、ヘルパーなど、その方のケアに関係される方全員と連絡を取り、何かあれば、迅速に対応できるように準備します。

最期のときをサポートする看取り士と共に、「エンゼルチーム」と呼ばれる無償の見守りボランティアチームがご家族のサポートを務めます。家族がつきっきりでいるのも大変なものです。その意味で、エンゼルチームは看取り士のサポート部隊です。

エンゼルチームは、ご利用者さまのお住まいの近辺で登録されているエンゼルさん（ボランティアの方）で構成しますが、同時にご家族、親戚、友人、知人からもこのチームに入ってくださる方を募ります。ご家族が疲弊してしまわないよう多くの人数で支えるために考案しましたが、終末期の介護にかかる費用を抑えることにもつながっています。

お一人に対し、エンゼルさん約10人体制でチームは編成されます。また、エンゼルチームの活動は1カ月を期限とします。ご本人が回復されればチームは解消します。

核家族化が進む日本では、介護をされるご家族にもサポートが必要です。エンゼルチームは、まさにそういう場合に力を発揮します。ご本人が幸せに旅立つための支え合いの形です。看取り士やエンゼルチームの活用も選択肢の一つとしてお考えください。

旅立たれた後は、葬儀社への対応もします。私たち看取り士は、旅立ちの後の時間もとても大切に考えています。しかし、葬儀社の方はすぐに体にドライアイスを入れようとするのが一般的です。看取り士は、ご家族の最後の時間を大切にしていただけるよう、少なくとも24時間はドライアイスを入れないよう対応します。葬儀社との連携がスムーズに進むよう、潤滑油の役割も担います。

看取り士の役割は幅広くありますので、ていねいに看取ってあげたいけど、やり方がわからないという方は、日本看取り士会にご相談いただければと思います。

看取りの際の「四つの質問」

看取り士研修の場で徹底して伝えている「四つの質問」があります。旅立ち前のご本人に希望を確認しているのです。

それは、

①「どこで最期を迎えたいですか？」

②「誰に看取られたいですか？」
③「どういう医療を希望されますか？」
④「今、何かお困りのことはありますか？」
です。ご本人が一番希望されることを事前に伺い、その方の望むように、残された人生の時間を心穏やかに過ごしてもらうためです。

① どこで最期を迎えたいですか？

多くの方が自宅で迎えたいといいます。中には病院で、ホスピスで、高齢者施設で、などの返答もあるでしょう。旅立つご本人が希望される場所が理想的です。

② 誰に看取られたいですか？

誰と最期の時間を過ごしたいかは、とても大切な質問です。ご家族と答えることもあれば、かわいがっているペットと答える方もいらっしゃるでしょう。実際、独居の方が愛猫たちに囲まれて穏やかに亡くなったケースもあります。

③どういう医療を希望されますか？

幸齢者の方だと、延命治療はやめてほしいという方もいらっしゃいますし、末期ガンの患者さんだと、きつい治療はせずに自宅で穏やかに過ごしたいとおっしゃる方もいます。一方で、この期日まではどうしても生きていたいから延命を図りたいと願う人もいるでしょう。ご本人が胃ろうや点滴など、延命治療をご希望されるかどうかを、きちんと把握しておくことはとても大切なことです。

④今困っていることはありますか？

旅立たれる方の中には、死ぬと自分はどうなるのか不安になる人や、自分がいなくなった後の家族や周りの人のことを心配している人がいます。おひとりさまの場合、一番多い困り事はお墓の問題です。悔いのない旅立ちをサポートするためにも、ご本人が気になっていることをお伺いし、心配事や問題を解決しておくことが大切です。

大丈夫と声をかける――「大丈夫」の言葉の二つの意味

看取り士は、旅立つ人に「大丈夫です」という言葉をよくかけます。この言葉にはさまざまな意味合いが含まれているのですが、大きく分けて二つあります。

①「お迎えが来る」から大丈夫

「お迎えが来る」という話、一度は耳にしたことがないでしょうか。これは迷信ではありません。これまでの経験上、お迎えは母方の親族が来ることが多いようです。母親、祖母、曾祖母、いずれも母親側の女性が最初に訪れます。

私の母が病院で亡くなるとき、私は母に何があっても「大丈夫」と言い続けました。病院のスタッフにも、「すでに頑張っている母に頑張れとは言わずに、『大丈夫』と声をかけてやってください」と伝えていました。ある日、母は「あなたの言う『大丈夫』が何なのか、わかったわ」と言いました。「旅立ったおじいちゃん、おばあちゃん（母の両親）がお迎えに来てくれるってわかった。だから大丈夫なのね」と言うのです。その後、母はその通り、祖父と祖母に迎えられて安らかに逝きました。一点の曇りもない安らかな表情でした。

旅立つ人には、このように必ずお迎えが来ます。来てくれるのは、生前その方が愛していた人たちです。その方たちと共に逝く世界は、もうなんの不安もありません。

②「そのときには神仏と同じ力が与えられる」から大丈夫

最期のときが来たときは、旅立たれる方に、「あなたの思い願う死に方ができます。もうあなたは神仏と同じ力があるの。大丈夫です。お迎えの方と一緒に逝ってください」と声をかけます。そうすると、その方から苦痛は消え、穏やかさがはっきりと伝わってきます。

旅立ちの2日前に出会って、自宅での看取りをお手伝いさせていただいた女性（享年84歳）のお話です。

末期ガンの患者さんで、ご家族からの依頼を受けて私が訪ねたときは、すでに10日くらい言葉も発しておられず、点滴をされていました。私は、「初めまして」と言って、手をさすっていました。

しばらく反応はありませんでしたが、「お迎えが来ていますか？」と聞きました。すると、その方のまぶたが少しだけ開いたのです。「お迎えが来ていなければ、まだ逝くということはないですよ。大丈夫ですよ。思う通りになりますからね」と伝えました。

すると、ずっと反応のなかったその方が、しっかりと目を開けて「わかりました」と言い、私にお茶を勧めてくださったのです。そこに居合わせた娘さんは大変驚いていました。その方はずっと覚醒をしておらず、うつらうつらの状態が10日以上も続いていたのですから、無理もありません。しかし、ご本人はわかっていたのです。

その方はその翌々日のお昼に旅立たれました。娘さんは、お母さんが息を引き取る直前、「お母さん、今、何を考えている?」と聞いたそうです。すると「葬式の準備をしていた」とのこと。最期にお母さんの頭を抱いて、皆で手を握る中で亡くなられました。それはとてもすてきな最期でした。

兵庫県の、ある特別養護老人ホームでは、開所以来、施設内での看取りを実践されてきました。17年間で168人の看取りを実践しています。「やさしく・ゆったり・よりそって」を基本理念に掲げるこの施設の職員さんの意識は高く、私を勉強会の講師として呼んでくださいました。

以前私が、『ターミナル患者を迎える家族に対する心構えの説明と見送り方』というテーマで講義をしたときのことです。新人の職員さんが、最期が近づいたときのお迎えの話を知らなかったので、改めて説明をしました。「お迎えとは、いよいよ死に近づいたとき、すでに旅立った人々がお迎えに来るということです」と。

私の体験では、抱きしめて看取ったすべての人にお迎えが来ました。皆、目を覚ますとすでに旅立った方々のお名前を出され、「ほんの少し先まで一緒に行ったんだけれど、とても気持ちが良くて」と言われるのです。そして、ほどなくして、穏やかな表情で旅立っていかれます。

講義後、このような質問も受けました。

「普段あまり面会に来ないご親族が最期のときに訪れて、『どうしてもっと生きられなかったのか、医療に問題があったのではないか』と険しい表情で詰め寄られたとき、どうすれば良いのでしょうか」

よく聞く話です。これも解決法があります。

私は「抱いていただいてください。すぐには無理でしょうから、皆さんが手を一緒に添えて、抱いてもらってください。そうすれば、すべて解決します」とお答えしました。

最期のそのときを、私たちは「なかよし時間」と呼んでいますが、旅立った人にふれることで、旅立った人がすべての問題を解決してくれるのです。

マザー・テレサは、「最期の輝きの中こそ、魂のふれ合う場面である」と言われました。理屈ではない、魂の交流が行われるのです。

■看取り士を活用する方法

看取り士は、旅立ちに関係するすべての方の負担を軽くするために現場に入ることを前提としています。たとえば、入院中の方が「最期は家で」とご希望され、そのご家族からご相談を受けたとします。私たち看取り士は依頼者の元に出向き、必要があれば病院を訪れ、依頼者（たいていの場合はご家族）とご本人に面会し、皆さんのご意向を伺います。

そしてご自宅に戻られたら、在宅医、訪問看護師、訪問介護士、ケアマネージャーをご紹介していただきます。帰宅後、ケアマネージャーをご自宅に呼んでいただき、私たち看取り士についてご説明申し上げ、ご本人、ご家族、ケアマネージャーとの調整を行います。

その際、ご家族の負担が軽くなるよう、訪問看護師、訪問介護士など、医療介護制度をフル活用していただくことをお勧めしています。

看取り士がお伺いするのは、依頼を受けて最初にご説明に上がるときと、旅立ちの前後です。呼吸が乱れ始めたところにご連絡をいただければ、駆けつけます。看取り士の費用は1時間5千円です。保険は適用されませんので高額に思われるかもしれませんが、実際に看取り士が介在するのは、最初の面談の2時間、旅立ちの10時間ほどと、ご依頼をいただいたときのみです。それ以外の時間は、「エンゼルチーム」がボランティアの形態でサポートいたします。

お産に助産師が必要なように、暮らしの中で看取りをする経験が少なくなった現代社会の中で、看取り士はその最期のとき、〝助死士〟のように寄り添う存在だと思ってもらえば良いでしょうか。旅立たれる方は、死に対する不安、恐怖、孤独と向き合っています。そのときに、そばに寄り添うことで安心していただける存在であるよう、看取り士も、日々精進しています。

あるお母さまの最期のとき、娘さんは母親のベッドに上がり、母親を両手に抱いて看取られました。ご家族みんながお体をさすりながら、「お母さん、ありがとう」と涙する中で、お母さまは人生を完成されました。穏やかで安らかな旅立ちだったそうです。

娘さんが後に、私にお話ししてくださったことで、こんなことがありました。

「母は亡くなる前、死の恐怖がなくなったと言い、とても穏やかでした。その日まで心の行き場がなくて、死の恐怖におびえていたのです。柴田さんとお話ししたことで救われたようです。私自身、夜ゆっくり眠ることができない日々でしたが、柴田さんに『普段通りの暮らしをすることが、お母さまの望みです。寝てください』と言われたことで、その夜から眠れるようになりました」と言ってくださいました。

ご家族は普通、旅立つ人のために最善を尽くそうとし、そのため、心身ともに疲れ果ててしまいますが、逝く人は愛するご家族にそのようなことは望んでいません。看取り士のちょっとしたアドバイスで、大変な看取りの現場を乗り切ることができることもあります。

もう一つ、印象的だった看取りの例を紹介しましょう。

山下典子さん（50代）からご連絡をいただきました。彼女の叔母さま、さかえさんの看取りを典子さんがされたのです。

「○月×日、朝5時40分、叔母が旅立ちました。血圧が安定せず、酸素も最大に入っていました。尿の出も悪く、足にむくみが出て、祈る思いで毎日付き添いました。『大丈夫、大丈夫、ずっと一緒にいるからね……』。体をさすりながら、こう話しかけました。私の言葉が聞こえたのか、何度か首を動かしてくれて、ちゃんと聞こえてるんだと感じました。

叔母の痩せた体をさすりながら、涙が止まりませんでした。『叔母さん、私がいるから独りじゃないよ。一緒にいるからね』。ただただ、そう話しかけ、祈りました。叔母の呼吸の感覚がだんだん遅くなり、生き切る姿を見せてもらい、『生まれてきてくれて、ありがとう』と、感謝でいっぱいになりました。

呼吸が止まり、温かい体を抱いて、『ありがとう』と何度も何度も言いました。目で見るもの、耳で聞こえるもの、匂い、体で感じるすべてが心地よく、幸せな気持ちになりました。今も、これからも、ずっとずっと私の心の中に叔母がいてくれている。感謝しかありません」

旅立つ人と呼吸を共有する

看取り学では、「臨命終時《りんみょうじゅうじ》」ということを教えます。普段は「臨終」と略されることが多いですが、本来は、「命の終わりの時に臨む」という意味で、ここから家族にいのちを引き渡す時間という意味です。その時間とは、事切れる瞬間だけを言っているのではなく、その方が旅立つ前から準備を始め、旅立たれてからも、しばらくの間、いのちの引き継ぎの時間が続きます。そのために最も大切なことの一つに、呼吸があります。

看取りの場では、とにかく旅立つ人に呼吸を合わせ、一つ一つの動作をゆっくりとていねいに行います。周りにどんな方が、どれだけの人数の方がいらっしゃろうとも、これが基本です。

看取りのとき、私は抱きしめてふれ合いながら呼吸を合わせます。40分、50分と合わせているうちに、旅立たれる方の呼吸と私の呼吸が一つになる瞬間が訪れます。呼吸と、ふれるという動作が連動して一体になった感覚――。二人が一つの体になったような感覚は、相手も同じように感じられ、とても心地よく、一切の不安がありません。呼吸を合わせるという行為は、ただそれだけで喜びですし、深い安心感が得られるものなのです。

最初は荒い呼吸でも、次第に呼吸のリズムが共有されてきます。それから、徐々にこちらの呼吸をゆったりした深い呼吸へと戻していきます。ゆるやかな呼吸のリズムが伝わり、やがて、旅立たれる方の呼吸も落ち着いたものになっていきます。

最期の呼吸

そして、旅立ちのときが訪れます。

お迎えが来るころになると、呼吸が荒く、ゼイゼイと音を立てて呼吸をするようになります。苦しそうに聞こえますが、本人には苦しみはありません。この状態になると、すでに肉体に苦痛を感じることがないのです。しかし、もし、このときにご本人が苦しまれて「病院へ」と言えば、病院にお連れしてください。

荒くなった呼吸もやがては収まります。そうしたら、また呼吸を合わせてくださ い。逝く人は、自分の呼吸のリズムが他の人と共有されると、自らの存在を受け入れられているという肯定感が生まれてきます。他の体と同一化するような感覚が起きると、旅立つ人を安らぎの世界に導くことができます。それは、実は、遺される人にとっても大切なことなのです。

私が看取り士として活動し始めたころの印象深いエピソードがあります。ある幸齢者の方の看取りの現場でした。依頼を受けてご自宅へ伺うと、玄関先にすごい数の靴が並んでいるのです。中に入ると、親族一同が30人ほど集まっていらっしゃって、さすがに最初は緊張しました。おばあさまは、ふすまも開けっ放しの広い部屋の真ん中に寝ていらっしゃいました。

親族はみんな、看取り士がどんなことをするのかと興味津々に見ているわけです。でも、看取り士がやるのは呼吸合わせだけ。少しずつ呼吸合わせをしているうちに、見た目には大きな動きや変化がないためか、徐々にギャラリーはいなくなり、やがて子供たちと長男のお嫁さんだけになりました。彼らにも呼吸合わせをお願いし、呼吸合わせができるようになったら、順番におばあさまを抱いてもらいました。

興味深かったのは、その場に息子さんも娘さんもいたのですが、おばあさまが最期に息を引き取ったのはお嫁さんの腕の中だったことです。実は、この二人、あまり折り合いが良くなかったそうです。嫁姑問題は、よくある話です。そのお姑さんが最後に選んだ場所がお嫁さんの腕の中。お嫁さんは「義母は私に、最後にご褒美をくれました」と涙を流していらっしゃいました。

看取りの姿勢

看取りの姿勢は、私も試行錯誤を繰り返しました。75ページのイラストのポーズが一番体に負担がかからず、何時間でも続けていられる姿勢です。看取りは、旅立ちの前から、息を引き取られた後もその方を抱き続けます。背後から支えたり、膝枕の姿勢をとったりすると、背中や腰に負担がかかって、腰痛や首が痛い人にはとてもつらくなります。

イラストのこの姿勢だと何時間でも無理なく抱き続けられます。

長年、看取りをしている中で、この姿勢にたどり着いたのですが、実は、とても秘めやかな姿勢であると、ノートルダム清心女子大学の保江邦夫先生から聞いて驚きました。

保江先生は、稲葉耶季先生との共著『神と人をつなぐ宇宙の大法則――理論物理学VS仏教哲学』（マキノ出版・2016年）の中で、「看取り士は自我を取ってあげて、霊魂がさまよわずにすむお手伝いをしているような気がします」と著してくださいました。私もそうだと思っていますし、そうでありたいと強く願っています。

旅立つ人は死を受け入れたころから、エネルギーの放出を始めます。そのエネルギーの放出は、息をお引き取りになってからもしばらく続きます。この間、ご家族の方々にはできる限りお体にふれていただきます。次章で詳しく説明いたしますが、この「体にふれる」という行為はとても重要な意味があります。エネルギーを受け取るだけでなく、グリーフケア（喪失感の癒し）にもなるのです。肉体に直接ふれるということには、それほど重要な意味があるのです。

息を引き取られてからも、その方の魂はしばらくの間は肉体のそばにあります。葬儀社などを急いで呼ばず、その方とたくさんお話しなさってください。葬儀社の方がいることで、家の中の空気が慌ただしくなり、ご家族がお体にふれられなくなってしまいます。ドライアイスを体に当てるのも、ゆっくりでいいです。できれば7日間くらい、ご遺体をご家族のおそばに置いておくといいのですが、今の日本の葬儀のシステムではなかなか難しいところがあります。

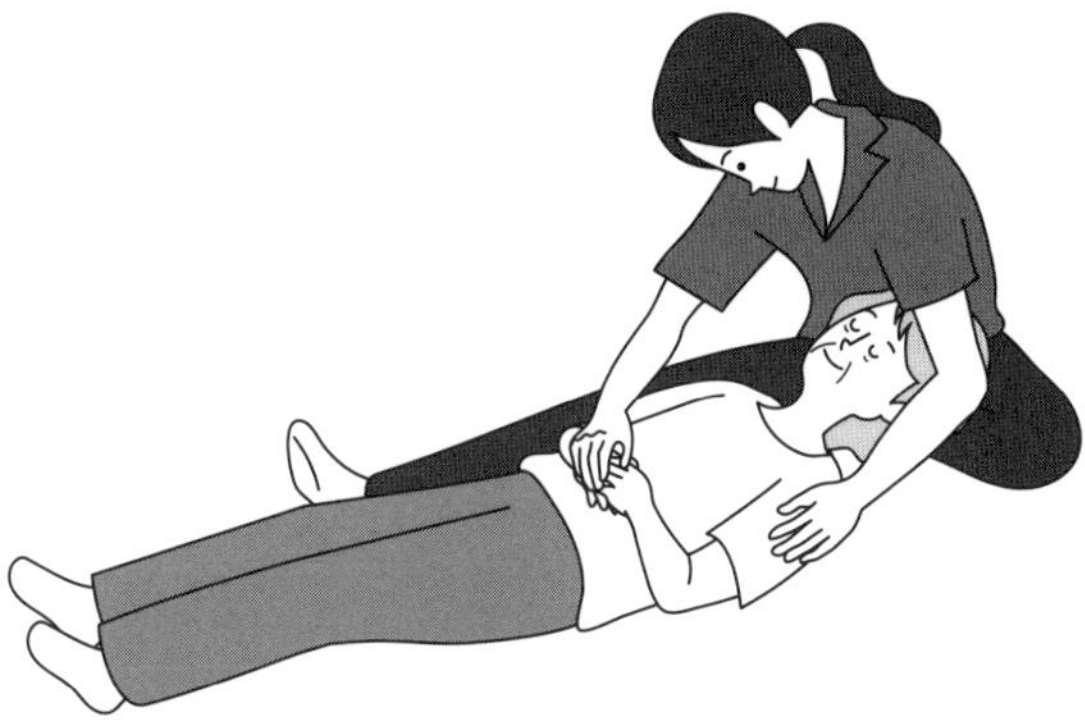

できれば24時間はご家族でお体にふれたり、話しかけたりする時間にしていただきたいです。24時間は、お体にはまだぬくもりが残っています。この間、エネルギーを受け取り、いのちのバトンの受け渡しをしてください。もちろんドライアイスは不要です。

いのちの重さ

いのちに重さはあるのだろうかという疑問を持ち、実際に実験をした人がいる。理学博士の川田薫氏だ。

川田氏の著書『いのちのエネルギー――そのしくみから、生きる意味を考える』（きれい・ねっと・2012年）には、実際に生命エネルギーを重さで証明するという実験をした内容が綴られている。

少し残酷なのだが、実験とはいえ、いのちの重さを量るために、犠牲になったラットのいのちがある。

川田氏は実験の前に、「ごめんなさい。人間は、私川田薫は、ものすごく傲慢です。でも、そんな私ですけれど、もしラットのエネルギーの重さが量れたら、人間に対してものすごいメッセージを伝えることができるんです。ラットの尊い命は犠牲になってしまうけれど、我々人間の意識がこれで変われるんです。だからそのメッセンジャーとして、ぜひやらせてください」と断っている。

まずは、5週齢のラットに致死量の麻薬を打ち、特別な密封容器に入れて、超精密天秤の上に乗せた。最初は呼吸が止まり、心停止する。その後、重さを量る天秤の目盛は激しく動くも、しばらくの間は体重が減らない。それから30分か40分ほど経って、やっとスーッと重量が落ちていった。エネルギーが外れるのは、人間の感覚で言う死の状態、いわゆる臨終から、時間が経ってからだった。

川田氏は最終的に8匹のラットを使って、この実験をした。すると、しばらくしてからスーッと体重が下がるパターンと、一度、体重が減って、それから元の体重に戻り、少ししてまた減るという二つのカーブのパターンを見つけたが、いずれにせよ、最終的には体重が減ることがわかった。その量は、ラット自身の体重の約1万分の1前後だったということだ。

川田氏の素晴らしいのは、その後である。この実験を通して、ラットと、自らの生と死を見つめ、「自分も周りも同じことやっているんだ。生きていくってそういうことなんだ」「同じことをやっているのに、人を軽蔑するなんて絶対にいけない。困っている姿をみたら、手を差し伸べる。それが人間なんだ」といったことが、誰かに何かを言われるでもなく、自然にわかってきたという。そして、生きざま、人間性が一気に変わった、と。

いのちのエネルギーにふれていると、人は謙虚になっていくようだ。

第2章

看取りはグリーフケア

すでに近しい人などをお看取りされた方々の中には、きちんと看取れなかったことを後悔していらっしゃる方もいるようです。講演会などで、「悔やんでいる」と、心境を吐露される方にしばしば出会います。全国的にみても、相当の数の方がそのようなトラウマを抱えているのではないかと思います。

でも大丈夫です。悲しみはいつでも癒すことができます。

この章では、「グリーフケア」「臨終コンプレックス」「看取り直し」などの用語を使って説明をします。結論から申し上げますと、それぞれ旅立った人の肉体があるか否かで異なる部分はあるものの、いつでも〝看取る〟ことができ、それによってあなたの悲嘆を癒すことができるのです。旅立った方は遺された人のことをとても愛していて、彼らの幸せを願い見守っています。決して恨んだり怒ったりなどはしていません。

グリーフケアは肉体があるうちに

すでにお話しした通り、看取りの基本はふれて、抱きしめることです。肌にふれることが大切な理由はいくつもありますが、その中でも重要な理由の一つに「グリーフケア」があります。

グリーフとは英語でGrief、日本語で「悲しみ」という意味です。家族や友人など大切な人の死に直面すると、喪失感に駆られる一方で、その現実をなんとか受け止めようとするため、精神的に不安定になるものです。そういう状態をケア（Care＝癒す）することを「グリーフケア」と言います。一旦、喪失感に陥ったら、立ち直るのに時間がかかることもしばしばです。しかし、思い残すことなく看取りをしておくと、ひどい喪失感に陥ることはなく、旅立たれた方の魂が自分の中に生きているような感覚になるのです。

人が旅立ってゆくとき、首の後ろからエネルギーが抜けていきます。看取る人は首筋から背中の方に手を差し込んで、この部分にふれたり、第1章でご紹介した姿勢をとったりすることで、その方からのエネルギーを受け取ることになります。すでに息を引き取られていても、肉体がある限りは時間をかけてエネルギーを放出していますので、同様の姿勢で看取り続けてください。最初は冷たく感じても、ふれているうちに肌のぬくもりが戻ってくることがわかります。

この作法は、肉体がある限りはできるので、ぜひ実践していただきたいと思います。しっかりとふれて看取ると、後にひどい喪失感に陥ることはなく、看取った方の心の中に、旅立った方が存在するような、温かな感覚になります。

肉体があるうちにお体にふれて、エネルギーをいただくことは、グリーフケアの観点からも大切なことなのです。

とはいえ、誰もが最初から簡単にできるわけでもないようです。特に日本人の場合は、普段から人の肌にふれることが少ないため、慣れるのに少し時間がかかることがあります。たとえそれが看取り士であっても、慣れていなければ、私が旅立った人を抱きしめているのを見て固まってしまう。そういうこともあります。一度も泳いだことのない人がどう泳いでいいのかわからないように、プールに入り水につからないと、泳ぐという感覚はつかめません。

看取りの現場で、ご家族にその作法をお伝えするときには、旅立つ方のほおに私が先に手を当て、その上からご家族の手を当てるようにします。旅立たれた後はじっとふれていないと、ほおはすぐに冷たくなります。

ある新米の男性看取り士ですら、私が「そのままずっとふれていてね」と言ったら、しばらくふれていた後、泣き始めたのです。何か、お体を通して伝わってくるものがあったのでしょう。そうやって、看取り士もお体にふれることでお別れができるようになるのです。未経験の人が突然の看取りに戸惑うことはあるかもしれませんが、一度、この看取りを経験したら、忘れることはありません。

実際に私がお手伝いをさせていただいたケースを紹介しましょう。

かねてから、93歳のお母さまのことでご相談を受け、面談を約束していた晴美さんから連絡がありました。お母さまの様子が急変したようでした。「すぐに行きます」と言ったのですが、「約束通りの日程に来てください。柴田さんが来るまで母が待ってくれるよう、お祈りをお願いします」とおっしゃったのです。

翌朝、晴美さんから連絡がありました。「昨夜、母が旅立ちました。でも、柴田さんに来てほしいです」と。旅立たれて13時間後に晴美さんのお母さまのご自宅に伺いました。

お宅に入った途端、部屋中にお母さまの慈愛が溢れているのを感じました。しかし、晴美さんは、どう看取ればいいのかわからなかったようでした。私はまず、ドライアイスをどけて、お母さまのほおを手でふれました。しばらくするとほおが温かくなり、私の体が熱くなってきます。そして、お母さまの肩、腕、手と順番にふれ、次に私の手に晴美さんの手を重ねます。

すると、突然、晴美さんは横ばいになり、しっかりとお母さまを抱きしめられました。そして、「お母さん、ありがとう、ありがとう」とお母さまをいとおしそうに見つめておられました。その目からは涙がこぼれていました。

それを見て、私は、「ああ、晴美さんは、穏やかにお母さまの魂のエネルギーを受け取られたんだなぁ。これで、晴美さんは、この先も心穏やかでいられるな」と安心したのです。

最期の瞬間に間に合わなかったと悔やむ「臨終コンプレックス」

「息を引き取る瞬間に間に合わなかった」と悔やまれる方も多くいらっしゃいます。

私の元に寄せられるご相談内容の上位を占めるかもしれません。私たちはこれを「臨終コンプレックス」と呼んでいます。

いわゆる「死に目に会えなかった」というケースで、医師による死亡宣告後に到着したため、臨終時にそばにいなかったことを、悔やみ、長い間、思い悩むようです。

結論から申し上げますと、これもそのような必要はまったくありません。

グリーフケアでも説明したように、息を引き取られてから24時間以内であれば、まだ温かみがありますから、ご遺体にふれることで温かみが戻り、逝かれた方と肌のぬくもりを通して交流することができます。

その場に看取り士がいれば、死に目に会えなかった方にも、旅立たれた方の首元から背中に手を入れたり、抱いたりしてもらい、ぬくもりを感じていただけます。そして、「間に合って良かったですね」と声をかけて差し上げることができます。

この「間に合う」という言葉は、ご家族にとって、その後の人生を左右するほど大変大きな意味を持つようです。ちゃんと看取れなかったと悔やんでいる方は、記憶の奥のほうでずっとそのことを後悔し、自分を責めたりします。

しかし、「間に合った」という思いがあると、ご家族はその後、悔やんだり自分を責めたりすることなく、旅立たれた方が自分の中に息づいているように感じられて、穏やかな気持ちでいられるのです。この違いは大変大きいのではないかと思います。

病院などで臨終の瞬間を経験したことのある方なら、おわかりだと思いますが、医師が「ご臨終です」と告げた途端、30分以内に葬儀社が駆けつけ、いろいろなことがバタバタと動きだします。こうなると、ご家族はゆっくりと別れを悲しむ時間すら与えられません。

このようなことは、普段はそうそうないので、急にそういう場面に遭遇するとうろたえてしまい、言われるがままに進んでしまうケースが多いものです。そういうときに看取り士が一緒にいると、すぐにご遺体を運び出さないようにお願いしたり、ドライアイスを体に当てないように交渉したりできます。現場に看取り士がいれば、看取りの時間を優先して、物事を進めます。

■「看取り直し」で気持ちを整理する

亡くなってから時間が経過し、ご遺体もない中で、他界された方に対する思いや悔いが残っている場合があります。その場合は「看取り直し」といって、もう一度自分の心の中で他界された方を看取ることで気持ちの整理をすることができます。「看取り直し」もまた、グリーフケアの一つです。

看取り直しのやりかたは、まずは7日間、共に生活していたときと同じ暮らしをすることです。朝には「おはよう」とあいさつし、朝食を食べ、お茶を一緒に飲みます。そして、旅立たれた方とにかく対話をすることです。一緒だったときのことを思い出し、そのときの自分の気持ちや今の自分の気持ちを、旅立たれた方に対して話しかけてみてください。

二つのケースをご紹介しましょう。

北海道で、知人を通して知り合った佳子さんにお会いしました。ご主人が2週間ほど前に旅立たれたとのこと。旅立つ際に抱いて看取ったのですが、佳子さんは泣きながら、「夫は最後まで立派でした。今なお夫を感じていたいと思うのですが、涙が止まりません」と話され、泣き崩れられました。「どうすれば、夫を感じることができますか？」と尋ねる彼女に、私はこう答えました。「ご主人は、お体はなくされましたが、お心と魂はあなたのそばにいます。そのことを強く信じて、感じてください」と。

四十九日というのは、魂に魂が重なる期間です。

ご主人の魂は、まだ佳子さんのそばにいます。佳子さんはそれを感じつつも、肉体がないことの寂しさから涙が出るのでしょう。ご主人は、旅立つ直前、佳子さんに、「おまえのそばにずっといるよ」という言葉を遺されたそうです。

「生前と変わらないようなお声がけをご主人にして、ご主人と一緒に三人でお茶を飲みましょう」と私は提案しました。

まずは亡くなった方の言葉を信じることです。しっかりと魂を受け取ったときは、お腹の下の丹田にその方の魂が重なるので、それを感じるのです。そうすると、とても強くやさしく生きていけます。このようなことを佳子さんにお伝えしました。

1時間という短い時間でしたが、ご主人の魂とのつながりを感じられた佳子さんは、「夫がいつも見守っていると感じて生きていけそうです」と返してくれました。

お茶を飲んだ後の佳子さんの顔はとてもやさしく、柔らかな表情に変わっていました。

次は、2011年3月11日、東日本大震災で津波による被害が多かった宮城県で教員を務める女性のお話です。

震災から1年ほど経った後、私の講演を聞いてくださったその女性教師から連絡がありました。震災後、うつ病になったとおっしゃるのです。

「柴田さん、私は生徒たちを指導する立場にありながら、自分がうつになってしまいました。なんとか抜け出したいけれど、どうすればいいのでしょうか」

平日は仕事があるため、週末に電話をかけてくれていた彼女。私は、「とにかく午前中はお散歩をしましょう。まずは家の外に出て、歩きながら話しませんか」と提案し、散歩をしてもらいながら、電話でお話ししました。

先生は、ポツリポツリと、震災後の出来事や、つらい胸の内をお話しされました。彼女はお母さまを津波で亡くされていました。被害の大きかったその地域では、身内を亡くした生徒も多かったそうです。しかし、子供たちは「つらい」なんて一言も言わないのだそうです。我慢をしているというより、口にしないで暮らすことで日常生活をなんとか送ろうとしていたのかもしれません。

そして、先生は子供たちのそんな姿を見て、ご自分のつらさを口に出せず、一人で重りを抱えていたのだと思います。

外を散歩しながら電話で話をしていた彼女は、ひとしきり話すと、もう話すことがなくなるみたいで、無言になられます。そのときは二人して無言のままです。

おそらく先生は、電話で誰かとつながっていることで安心だったのではないかと思います。

そうやって毎週毎週お電話をいただいて、10回目くらいだったでしょうか。散歩に出られたときに、ふと「母の声が聞こえる」とおっしゃったのです。それを聞いて私は、「もうこれで大丈夫」と思いました。案の定、しばらくして先生は活力を取りもどされました。それ以降はうつ病を克服し、元気にされています。

私が「もうこれで大丈夫」と思った理由は、死者と向き合って会話ができるようになると、悲しみが癒されるからです。彼女は電話を切った後も歩き続けて、お母さまに話しかけていたそうです。お母さまが元気だったころに、普段話していたような、何気ない暮らしの中の会話をしていたといいます。

亡くなったお母さまと会話をするということは、自分の中にお母さまの魂が入り込み、魂の交流を重ねていくことなのです。これができるようになると悲しみが癒され、心が楽になっていくのです。

死者と話ができるというと、オカルトのような話かと思われる方もいるかもしれませんが、私たちの死生観は常にプラス、つまり肯定的です。旅立った人は遺る人、つまり生きている私たちに魂を渡してくれる存在だという考えが根底にあります。死者と会話をすることは、それが本当であれ何であれ、本人の中でそれが成立すれば、その人の中で亡くなった方と魂を重ねていった結果、魂のリレーができたということなのです。

私は、彼女がそれをできるようになった理由には、自然の中に身を置いて歩いたことも大きいと思っています。風を感じ、空を流れる雲を眺め、自然の営みを肌で感じられたことが、彼女の心を徐々に癒してくれたのだと思います。自然というのは、それほど大きく偉大なのです。

震災被害者に対する看取り直し

もう一つ、震災関連のケースがあります。

私が登壇したある講演会に自衛隊の方が参加してくださり、質疑応答で手を挙げてくださいました。彼は、東日本大震災発生直後に被災地に入られたそうです。

そこで、赤ちゃんを抱いた若いお母さんのご遺体を収容した際、そのご遺体にかける言葉がなかったとおっしゃいました。「僕はそれからずっと自分を責めました。あのとき、どう声をかけてあげれば良かったのでしょうか?」と、勇気を出して質問してくれました。

これはつらいことだと思います。すごく良いことをしているのに、それと引き換えに重たい石を持つことになってしまって。でも、それでは、せっかくのいのちを前にしてもったいないことです。

私は、「『ご縁をいただいてありがとうございます』と声をかけてください」と伝えました。その自衛隊の方は、何かの理由があってその犠牲者と出会ったのです。その出会いに感謝し、「ご縁をありがとうございます」と伝えることで、相手の方は喜ばれます。

また、このようなことも言っていました。「僕はプロなのに、犠牲者にどう声をかけたらいいのかわからなくて、何も言えなかった。どなたにも。看取り士の方にぜひ、それが聞きたくて来た」と。今の日本社会では、ひとたび災害が起こると、真っ先に自衛隊の方が現場に入られます。死生観についてのレクチャーがないのか、死に直面すると、トラウマが強く残るというお話を耳にします。死は決して怖いものではありません。それを知っていただければ、彼らのトラウマも軽減されるのではないでしょうか。

仮に人の死に直面してショックを受けたとしても、そこは人間なのですから当然のことです。ショックを受けることを、悪いことだと考えたり、自分を責めたりしないでください。人間は、どのような経験も消化し、成長していけます。そのために時間はかかるかもしれませんが、日々をていねいに生きていく。必要なのはただそれだけです。

泣くことの大切さ

感情を解き放つことは、とても大切なことです。特に、大切な方がお亡くなりになったときに泣くことは、ご本人にとって感情の解放になります。

先ほどの、東日本大震災でお母さまを津波で亡くされた先生もそうでしたが、周りの人が泣かない中、自分が泣くなんてできないと、たとえ無意識であっても我慢をしていると、我慢した感情が精神を不安定にさせたり、無気力にさせたりしてしまうことがあります。

「泣く」は「さんずい」に「立つ」と書き、「涙」は「さんずい」に「戻る」と書きます。たくさん涙を流した後に、しっかりと自分を取りもどせるということなのです。

また、泣くことは、浄化の意味もあります。ですから、しっかり泣いた人ほど、その後、しっかりと自分で立ち上がることができます。

お看取りをされる際には、思う存分泣いてほしいと思います。

自死でもお迎えは来ている

第1章でも書きましたように、私は小学4年生のときに臨死体験をしています。そのときに、体というものは自分のものではなく、借り物だと感じました。また、大人になってから自殺未遂をして、死にそびれてこちらの世界にもどってきた身です。少なからず、「体から魂が抜ける」ということの意味を理解しているつもりです。

死というものは、あちらからお迎えが来て、初めて逝けるものです。そして、お迎えが来なかったら必ずこちらの世界にもどされます。ですので、自死で亡くなられた場合も、あちらからお迎えが来ているはずです。

私たちは勝手に、自死はいけない、事故死は残酷だなど、目に見える事象で善し悪しを決めつけていないでしょうか。もちろん、自死という選択肢はないに越したことはありません。しかし、何が起こるかわからない世の中で、主観的な価値観だけで決めつけるのは、あまりにも愚かなことです。死の前には善悪の判断など存在し得ないのです。

私の知人に、息子さんを自死で亡くした方がいらっしゃいます。彼女は、毎年息子さんが亡くなった6月になると、必ず具合が悪くなります。母親ですから、そう簡単に割り切れるものでもないのでしょう。同じ母親として、その気持ちは理解できます。

息子さんはうつ病になり、最終的に自死をされたのですが、自死を図る人のほとんどは、うつ病が原因ではないかと私は推測しています。私がマクドナルドでバリバリ働いた末、家庭が崩壊してしまったときもそうだったのですが、自分を見失ってしまい、いつも「自分が悪い」「できないことが悪い」と、何をどれだけやっても罪悪感から逃れることができませんでした。そのときに唯一考えられたことが、「睡眠薬を飲めば楽になれる」だったのです。

もちろん、それは正常な判断ではありません。しかし、そのときはそれしか道がないように思い込んでいたのです。そのときの私の状態は、どんなに近しい人がそばにいたとしても、誰にも止められなかったでしょう。

ところが、睡眠薬を大量に飲んだとしても、ビルから飛び降りたとしても、首を吊ったとしても、そのまま死に進む人と引きもどされる人とに分かれます。

それは、私たちが「オギャア」と生まれ落ちたときから、限られたいのちをもって生まれているからで、そのいのちの長さをまっとうしているかどうかで分かれるのだと思うのです。もどってくる人の場合は、まだ今世でやることがあるということです。逆に自死が成功した人は、この人生でやることは一応終わった、というふうに私は理解しています。

いのちの価値は長さではありません。十分に生き切ったかどうかです。自死だったけれども、その人にとっては周りの人にいのちの重みを伝える役割があったのかもしれませんし、何か訴えたいメッセージがあってのことだったのかもしれません。もしかしたら、そのメッセージを訴えるために、自死という方法を取らなければならなかったのかもしれない。

遺された人は、そのメッセージをきちんと深く理解して、心に刻んで「ありがとう」と思うことから、次の一歩が始まるのだと思います。

どんないのち、どんな死にも感謝しかありません。とはいっても、親御さんやご家族は、きっとなかなか受け入れられず、「どうして自分は救ってあげられなかったのだろう」と、自分を責め続けることでしょう。

しかし、いのちの長さは決まっていたのだから、どれだけ親御さんやご家族がそばで目を光らせていたとしても、きっと救えなかったのではないかと思うのです。逝くときは逝ってしまう。

けれど、どのような形であれ、その人はいのちの長さの分を生き切ったわけなので、「ありがとう」と感謝して、手放してあげてほしいのです。罪悪感や責任感などで相手の魂をつかんで放さないようなことはせず、生き切った魂を解き放すのです。そうすることで、その魂も救われることになるし、遺された人間にとっても救いになると思うのです。

看取りは〝許し〟を生む

看取りにより不仲だった親子のわだかまりが消えたという話もいくつも見てきました。看取りは、親子間の確執にも大きな和解をもたらしてくれます。

最初のケースは、10年間絶縁状態だった母娘です。

夏海さん（30代）から、一本の電話を受け取りました。

「母の検査の結果がステージ4の末期の肝臓ガンでした。肺にも転移があり、治療の方法はなく、あとは緩和ケアということになりました。早くて年内、長くても1年はもたないということです。よろしくお願いします」という内容でした。

この母娘は、母親の祐子さん（60代）の病気が発覚するまで、10年間ほとんど絶縁状態だったそうです。夏海さんが20代のときに家を飛び出して、それっきり連絡を絶っていたのですが、祐子さんから余命宣告をされたとの連絡を受けて以来、夏海さんは、祐子さんの元に通うようになったのです。そのとき、祐子さんは夏海さんに、「私は家で死にたい」と話されました。

10年間のブランクがあっただけに最初のころ、二人の関係はぎこちなく、夏海さんは祐子さんにふれることをためらっていたようでした。

私が、退院して独居生活をされていた祐子さんの自宅を訪ねると、家の中に介護ベッドを入れて、夏海さんが泊まりながらお世話をされていました。窓の外は雨でしたが、お部屋の中には明るい空気が流れていました。

長く病院勤務をされていた祐子さんは、「私は病院で死にたくないの。まるでモノのように扱われ、順番待ちをしてお風呂に入る。決められた時間に起き、みんなと同じ入院着を着て、みんなと同じ食事を取る暮らし、そして最後は管につながれる。そうした方をたくさん見送りながら、自分はもっと人間らしく最期を終えたいと願っていた。柴田さん、私は最期まで自宅で生きたい。私のわがままを聞いてくれる娘には手を合わせています」と、笑顔で話していました。

一方の夏海さんは、「まるで第二の子育てをしているみたい。看取りの準備をしながら、何かを孕《はら》んでいる妊娠期間のように感じるんです」と言います。何が生まれるのかと考えていたら、それは母親である祐子さんに対しての〝許し〟なんだとか。祐子さんと、そして祐子さんを長年許せなかった自分自身に対する〝許し〟だというのです。

二人の距離が縮まったのには、ちょっとしたきっかけがありました。肝臓ガンは皮膚に痒《かゆ》みが出ます。そのため、軟膏を全身に塗るのですが、毎日、夏海さんが塗ってあげていました。来る日も来る日も祐子さんの肌にふれているうちに、夏海さんの中にあった塊のようなものが溶けていったようなのです。

母を拒絶していたものの、肌にふれて、軟膏を祐子さんの肌に塗りこむほどに、わだかまりは溶けてゆき、どんどん祐子さんのことがいとおしくなってきた夏海さん。祐子さんにも、夏海さんのそういう感情が伝わったようで、互いにどんどん丸くなられたのです。

最後は、「少しでも楽しく笑える時間を過ごさせてあげたいと思っています」と、夏海さんは笑顔で話しておられました。病気になる直前まで10年間も絶縁状態だったとは思えないほど仲睦まじく、お二人の顔は美しく、穏やかに輝いていました。

もう一つのケースを紹介します。

秋江さん（享年100歳）は、息子さん（74歳）から絶縁を言い渡されていました。秋江さんのご主人――息子さんにとっては父親ですが――が危篤になったとき、秋江さんは息子さんを呼ばなかったのです。

秋江さんは大変品のある女性でした。まだ若く、世間知らずの私に、水を大切に使うことを教えてくれたのも秋江さんです。よく、「上品に生きなさい。上品に生きるとは、美しさをいつも自分に問うことですよ」と諭してくれました。お布団の中で、小学校時代の教科書を毎日、丹念に読んでいました。

一方で、過去にお子さんやお孫さんを亡くされ、つらい思いもたくさんされている方でした。

秋江さんのご主人が亡くなったとき、息子さんは33歳でした。働き盛りの息子さんのために、秋江さんは息子さんを呼ばなかったのです。しかし、息子さんは違いました。

「僕は父親を看取りたかったのに、母は僕を呼ばなかった。だから、僕は母のことを看取りません」と言うのです。

何十年も絶縁状態だった秋江さんと息子さん。しかし、秋江さんもやがて年老いて介護の手が必要となります。「なごみの里」にもしばらくはいたのですが、秋江さんが「死ぬのは我がとこ（自宅）だな」と言われたため、ご自宅に帰すことにしました。その前から食事はほとんど手をつけていなかったのですが、秋江さんは気丈でした。一言もつらいとか痛いと弱音を吐くことなく、「我がとこにいるって夢のようだ」と、少女のようにあどけない表情でほほ笑み、点滴を受けることもありませんでした。

秋江さんは本家、息子さんは別棟に住んでいましたが、絶縁を言い渡したはずの息子さんが少しずつ秋江さんの様子を見るようになります。幸齢者さまは歳を重ねるほど、最期が近づくほどピュアになっていかれます。息子さんはそんな秋江さんを見て、わだかまりが溶けていったのでしょう。

2週間もすると、息子さんはすっかり秋江さんの介護をしていました。亡くなる前の晩に、秋江さんが少しだけ重湯に口をつけました。こういうことは亡くなる直前にあるのですが、それを見ていた息子さんは、「柴田さん、母は良くなるんですか？」とすごく喜ばれるのです。

でも、私にはそれが旅立つ直前に起こる現象だとわかっていたので、「会わせたい人、全員呼んでください。もう、時間がありません」と伝えました。

翌早朝、秋江さんは、息子さんやご親族が集まる中、静かに旅立ちました。

私が駆けつけたとき、息子さんは「母を看取れて良かった」と、私にはっきりと言ってくれました。

「あんなに恨んでいた母だったけれど、母にふれ、抱いて看取ったことで、自分の中に母が再誕生した。柴田さんがずっと『抱きしめる看取り、ふれる看取りをすると、魂が再誕生する』と言っていたけど、僕には何のことかさっぱりわからなかった。でも、実際にこうして抱いて看取って、今、僕の中に母が息づいているということがわかった。『産んでくれて、ありがとう』という言葉が、初めて心の底から言えた」と。

「ああ、息子さんは秋江さんのエネルギーを受け取れたんだ」と思いました。本当にうれしかったです。

生きている間に行うグリーフケア「胎内体感」

祐子さん、秋江さん、それぞれ親子のケースはまさに母と子供が本来あるべき慈愛を手に入れたことで、それまで自分の人生に感じていた悲しみを克服したケースです。

私は、看取りを専門とする職業をする以上、まずは自分自身を見つめることが大切だと考えていたため、長年、内観法を学んでいました。

内観法とは、母親をはじめとして、家族や自分の親しい人、人生で影響を与えられた人など、一人ひとりを客観的な視点で見つめる修養です。

私は看取りを続けていく中で、家族の中でも、特に母親に対する客観的な視点を持つことが、人生にとって、また、終末期にとっても、大きな意味を持つことだと感じました。そして、内観をアレンジした「胎内体感」を編み出しました。

胎内とは、私たちがこの世界にオギャアと生まれ出る前にいた、母親の胎内です。そこにいたときの自分を思い起こすことで、私たちが慈愛の世界からこの世界に来たことが実感できます。また、胎内は前の人生を終えた後からつながっていると考え、前世の「死」という意味もあります。「生」の前の世界であり、「死」の後の世界、それが胎内。その胎内で、私たちは存分に愛情を授かり、この世界に飛び出してきたのです。ところが、新しい世界に出たことで、それまでの慈愛の世界を忘れてしまい、孤独、悲しみ、怒りといったさまざまな感情に振り回され、ともすると幸せや愛を忘れてしまいがちになってしまうのです。

胎内体感では、そうした慈愛の感覚を思い出してもらうとともに、へその緒でつながった母親に対して、特に思いをはせてもらいます。

胎内体感では、携帯電話やパソコン、テレビなど何もかも電源を切り、小さな空間に一人身を置きます。そして、静寂の中、ただ母親からこれまでにしていただいたことを、ずっと子供のころに遡《さかのぼ》って思い出していきます。反省することも、自分を責める必要もありません。日本看取り士会では、1日のコースと、4泊5日のコースがあります。

時間のない方は、一人になれる空間で、音楽も何も流さず静寂の中、小学校、幼稚園、保育所、乳幼児と、子供から赤ん坊のころに遡って、母親にしていただいたことを考えてください。していただいたというのは、「お弁当を作ってくれた」とか「洋服を作ってくれた」「ミルクを飲ませてくれた」「オムツを替えてくれた」といったことで、「してくれなかった」ことは除外します。そうして、「していただいた」ことを思い出していくうちに、すっかり忘れていた幼いころの記憶が蘇ってくることでしょう。最後は、自分が母親のお腹の中にいたときまで遡ります。多くの人は「そんなの覚えているわけない」と思うでしょうが、実際に胎内体感をやってみると、自分が胎児のときの記憶を持っていると気づき、思い出す人は少なくありません。

そうして記憶の糸をたどっていくうちに、「なぜ自分はこのお母さんの元に生まれてきたのか」「本当はお母さんのことが大好きだった」「母親からものすごく愛されていたことがわかった」など、何らかの答えや腑に落ちる思いが湧いてくるようになります。

これまで、「胎内体感」を経験した多くの人から、「母に対する見方が変わった」「母も、子育てに苦労したのだということがわかった」「母への感謝の気持ちが増した」「自分を大切に思えるようになった」などの肯定的な感想がたくさん寄せられています。

また、胎内体感は、親御さんがご存命であろうが、他界されていようが、関係なくできるグリーフケアでもあるのです。

自分が旅行に行っている間にお母さまが自死をされたという弘美さんは、お母さまの死後、ずっと自分を責めて生きておられました。

しかし、胎内体感によって、お母さまの魂と重なることができました。お母さまは弘美さんに対して恨みごとなど何一つなかったことがわかり、弘美さんは、「それまでの鬱々《うつうつ》とした気持ちがすっかり晴れた」と、元気に人生を歩めるようになりました。

佳菜子さんは、40年前、ご本人が7歳のときにお父さまを亡くされました。その日、お母さまとお兄さんは出かけていて、家には佳菜子さんとお父さまの二人だけでした。突然、お父さまが台所で倒れられます。

その後、救急車を待つ間、お父さまから「大丈夫かい?」と聞かれました。佳菜子さんは返事ができないまま、お父さまは搬送され、病院で亡くなりました。

彼女はお父さまと死に別れてから何年経っても、その場面をずっと覚えていて、「父は私に何を聞きたかったんだろう」という疑問を持っていたそうです。

そこで、佳菜子さんは胎内体感を通して当時のことを思い出し、佳菜子さんのイメージに現れたお父さまに聞きました。「お父さん、あのとき何に対して大丈夫って聞いたの？」と。お父さまは、「一人になるけど、お留守番するのは大丈夫かい？」とおっしゃったのだそうです。彼女が「大丈夫よ」と答えると、次のシーンに出てきたのはお通夜の日、自宅で白い布をかけられて眠るお父さまの姿でした。佳菜子さんが「お父さん」と呼びかけると、むくっと起き上がって、彼女を抱きしめました。佳菜子さんは驚きましたが、お父さまに、「私は大人になったから独りぼっちじゃないし、もう大丈夫だよ。ありがとう」と伝えることができました。するとお父さまは笑顔になって、また布団に入って眠りについたということでした。

お父さまが離れた後、彼女の体がとっても熱くなり、魂を受け取ったのだということを肌で実感したそうです。

時代の変化――若い人を看取る時代

私は長年、多くの方を看取ってきました。離島では、幸齢者の方がほとんどで、死因も体の機能が衰え、老衰に近いものがほとんどでした。ところが、最近、若い方からの依頼が増えています。若い方の場合は、ガンなどで、三大治療や高度先進医療を受けた後に緩和医療を選んだとか、これ以上、治療の術がないというような方々が中心です。40～50代、若い方で30代前半という方もいます。

まさか私より若い人を看取る時代が来るとは思ってもいませんでした。つらいことです。

幸齢者の方と若い方とでは、看取り方も変わってきます。幸齢者の方は、死の恐怖を乗り越えたら、割とすぐにお迎えを待つ準備ができるのですが、若い方は最後の最後まで自分の人生を手放せません。生きる希望をお持ちだからです。それは当然のことです。なぜなら、まだ、成長を見届けたい育ちざかりのお子さんがいらっしゃったり、自分の人生を生き切っていないという思いが強かったりするでしょうから。記憶に新しいと思いますが、歌舞伎役者、十一代目・市川海老蔵さんの奥さまの麻央さんも、34歳という若さでこの世を去りました。幼子を二人遺して、最後まで自分の人生を手放すことなんてできなかったと思います。

ですから、看取り士の私たちも、自分を奮い立たせてお伺いしています。若い方へのふれ合いは、幸齢者さまに対するものとは、かける言葉も違うからです。

私たちはまず、ご本人のお話を十分にお聞きし、「大丈夫です。奇跡が起きます」と共感します。私たち看取り士は、いつでも、その方に寄り添うのです。その方のお気持ちを酌み、その方の力になるような言葉をかけます。

ここでも「大丈夫」という言葉が登場しますが、この「大丈夫」は幸齢者の方にかけるときとは意味合いが異なります。看取り士は彼らの生きる希望になるように努めます。死は敗北ではありませんが、かといって、看取るためだけの看取り士でもありません。「奇跡をあなたに届けます」という意味もあるのです。ここでいう奇跡とは、万能な力で病を治すようなことではありません。最後まで自分らしく生きていただくために、「希望を届ける」とも言えるでしょう。

そうして寄り添っていると、体調が好転される方もいらっしゃいます。いつの間にか元気になられて、看取り士が必要なくなった方もいらっしゃいます。

看取り士がお役に立てるのであれば、どんな方にも喜んで、寄り添わせていただきます。

少し前に38歳で乳ガンになった女性を看取りました。とても素直で明るくて、すてきな女性で、5人の子供のお母さんでした。

彼女は旅立つ1週間ほど前、私にこう聞いてきました。

「柴田さん、感謝するってどういうこと？」と。

彼女はこれまで真面目に生きてきて、たくさん「ありがとう」という感謝の言葉も周りの人に伝えてきたことと思うのです。だから、「感謝するという言葉の意味が、私にはよくわからない」というのです。

きっと、「感謝が足りないからこうなった」と彼女に言った人がいたのでしょう。

「そんなんだから病気になったんだ」というふうに責められ、真面目な彼女は、自分なりに考えてみたのでしょう。

それを聞いて、私は答えに詰まりました。なぜなら、彼女はもう十分に感謝ができていたのですから。「もう十分できてるわ、大丈夫」としか言えませんでした。

〝感謝〟とは、①自分を生んでくれてありがとう、②自分の体にありがとう、③目の前のあなたにありがとう。この三つに手を合わせることです。

彼女はすでにそれができている人でした。そういう人が若くして人生の幕を閉じる準備をしなくてはならず、悩みながら生き抜いていかれるのです。私たちにとってもつらい場面ではありますが、できるだけ幸せな最期を送っていただきたい、遺されるご家族にいのちのバトンをつないでいってほしいという一心でサポートさせていただきました。

死後に行う法要の意味

日本では、初七日、四十九日という旅立った後の大切な作法があります。

仏教では、人が亡くなったときから7日間は、その方の魂は肉体のそばにいると言われています。これを「初七日」といいます。

私が島に暮らしていた当時、抱きしめて看取った幸齢者さまのお通夜が7日間通して行われ、その間、ご遺体はずっとご自宅にありました。当時、都会から来たばかりだった私には驚きの光景でした。

目を丸くしている私に、ご家族はこう教えてくれたのです。

「昔から、『もがり』の期間というものがあって、人は7日間、魂がその肉体に蘇るかもしれないと言われておる。だから、大事なお母さんを生きているときと同じように、ここに置いているんだよ」

そして、7日間、生前と同じようにお母さまに声をかけ、お食事やお茶をご一緒に召し上がっていました。この7日間を共に暮らすことによって、旅立った人のいのちそのものを家族は受け取るのです。

初七日はそういう大事な期間です。ですからこの期間は、その方の生前お好きだったものを一緒に食べてください。たとえば、煮魚がお好きだったら、料理をした直後の香りがある間、お供えします。彼らは香りを召し上がるのです。お線香にもそういう意味があります。

私は、毎朝、仏壇に手を合わせるとき、母が好きだった白檀のお線香をたいて、母に話しかけます。

故人の好物は、ご家族も一緒に食べられると喜ばれるかと思います。紅茶が好きだったのであれば、生きていたときと同じようにその方の分も用意して、「お茶を飲みましょう」と呼びかけてください。そして、生前してくださったことをお話しします。「こんなことがあったよね、ありがとう」といって。それを自分自身に落とし込んでいくのです。

初七日の次は四十九日が仏教的な祀《まつ》りごとです。

お父さまを抱きしめて看取った娘さんから、このようなご相談を受けたことがあります。

「柴田さん、父と一緒にいたくて、初七日を過ぎても自宅に帰れないのです。でも、家に帰らなくては。どうしたら良いでしょうか?」と。

私は、「お父さまのお写真と一緒にお帰りください。そして四十九日までお父さまと一緒にお茶を飲み、話しかけてください」と答えました。

故人はエネルギー体になっているので、折にふれて呼びかけてあげてください。お名前を呼ぶと、そばにいらっしゃいます。

ゆっくりと時間をかけて寄り添うのは、看取りのときだけでなく、看取った後も同じなのだと思います。「喪に服す」という言葉があります。近親者が亡くなった場合に、一定期間死を悼み、身を慎むことと言われています。なぜそれが古くから伝えられているのでしょうか? それは現実の暮らしより、旅立った方に心を寄せることが大切だからです。古くから、私たちはそう教えられているのです。

島に暮らしていたとき、初七日、四十九日、一周忌、三回忌、七回忌……と、家族や親族がたくさん集まり、故人との思い出を語り合います。こうしてご縁のつながりの中で旅立った人々を偲び、語ることで、日本人は古くからいのちの受け取り方を習得し、それを文化として伝え受け継いできたのでしょう。日本人は古くから、連綿とつながってきたいのちを重視してきたのです。それは、仏教、神道以前の、日本人に育まれた精神性だと思います。

COLUMN　コラム

祈りの力

祈りが病気を治す影響について、アメリカの医学者、ランドルフ・バード氏は次のような研究結果を発表している。

サンフランシスコ総合病院の冠動脈科病棟で、入院患者393人を対象に実験を行った。最初に、祈りを受けるグループと、受けないグループに分け、祈りを送る側の人々は、さまざまな信仰を持つ人たちが選ばれた。それぞれが担当する患者に定期的に祈りを捧げるのだが、誰も患者との面識はない。

祈りを受ける側の患者も、自分がどちらのグループに入っているかは、知らされていない。それどころか、担当の医師も看護師にも知らされない。「祈り」という行為を除いて、両方の患者は通常の医学的治療を受ける。

その結果によると、祈りを受けた患者のグループは、祈りを受けなかった患者のグループよりも抗生物質の投与量が5分の1に減ったほか、人工呼吸器、透析の使用率が減少したとのこと。明らかに祈りを受けた患者のほうが、より健康的になったのだ。

また、ヒトレニンを解読した筑波大学名誉教授の村上和雄氏も、好ましい遺伝子をオンにし、好ましくない遺伝子をオフにする祈りの効果について述べている。村上氏と京都府立医科大学教授・棚次正和氏の共著『人は何のために「祈る」のか――生命の遺伝子はその声を聴いている』(祥伝社黄金文庫・2010年)には、このように書かれている。

たとえば、ハーバード大学医学部のハーバート・ベンソン博士は、祈りが効果的に働いた病気として、高血圧、心臓病、不眠症、不妊症、ガン、エイズ、うつ病、リウマチなどを挙げています。

このほかにも腫瘍で足の切断を迫られた患者が、祈ることで短時日に完全に治るなど、まるでキリストの奇跡のような事例も少なくありません。

もちろん、こうした奇跡についての科学的な説明はまだできていません。しかし、科学者が科学レベルできちんと研究しているので、遺伝子レベルでどんな変化が生じているかは把握されていきます。

祈りの力をまずは理解することこそ、私たちが身につけるべきことだと思う。そして、日々の暮らしの中で、毎日入浴して体を洗うように、祈りを習慣にして、心を洗いたいものだ。

第3章

〝最期〟は本人が自分でプロデュースする

逝く人は待ってくれる

第2章で、ご本人が旅立った瞬間にそばにいなかったことを悔やんでいらっしゃるご家族がたくさんいると説明しました。

そういう方に私はいつも、「最期の瞬間は、ご本人が決めて旅立っていらっしゃるのです」とお伝えします。

あるご家族のお話です。

入院中のお父さまの容態が良くないということで、病院からご家族が呼び出されました。そのときは一家全員が里帰りをしていたので、総出で集まることができたのです。子供たちや孫がみんなベッドサイドに集まったことがうれしかったのか、お父さまも落ち着かれた様子でした。兄弟家族は長旅だったこともあり、看病疲れをしていた息子さん家族も一緒に少し休もうということで、皆さんは一旦ご自宅にお帰りになりました。ところが、その夜、お父さまの容態が急変し、朝方お亡くなりになったのです。

介護をしていた長男さんはご自身を責められたそうです。お父さまの様子が落ち着いたとはいえ、「最期の瞬間に家族の誰も立ち会わずに、一人で旅立たせてしまった」と。

お気持ちはお察ししますが、このお父さまは、ご家族がみんな帰られた時間をあえて選んで逝かれたのではないかと思います。

きっとそれがお父さまの思いやりだったのでしょう。何日間も病院に詰めていたご家族を心配して、「少しでも休んでほしい」というお父さまのお気持ちもあったかもしれません。あるいは、「自分の最期で心配をかけたくない、家族に気を使わせたくない」と思われたら、愛する人たちがいないときを選んで逝かれるでしょう。

もしかしたら、家族に自分の最期を見せたくなかったのかもしれません。逆に、最期を見ていてほしいと思っていたら、昼間みんながいるときに逝かれるもので、どの選択をなさるかは、そこまでの家族の歴史にも関係すると思います。

では、ご家族が、その方の旅立つ瞬間にそばにいたいと思ったら、どうすればいいのでしょうか。

それは、ご家族がその方に「待っていてね」と一言声をかけることです。「ちょっと今晩は家に帰るけれど、待っていてね」と声をかけると、その通りにしてくださる方は、たくさんいらっしゃいます。私たち看取り士がお宅に伺うと、ご家族の方は介護でヘトヘトになっておられます。ですから「どうぞ寝てください」と言います。「でも、その間に旅立ってしまわないか心配で眠れない」と皆さんおっしゃるのです。そういうときは、たとえば、「お母さん、私、これから寝るけれども、お母さんと明日の朝会いたいから、また明日会おうね」と声をかけて寝てくださいと伝えます。そうすると、意識が混濁している状態でも、ちゃんと理解して昼間に逝ってくださいます。買い物に出かけるのであれば、「ちょっと買い物に出かけてくるね」と声をかければ、待っていてくださいます。

でも究極的に言うと、それすらもどちらでもいいのです。

なぜなら、親が愛する家族を困らせるようなことは絶対にしないからです。だから介護をなさっていらっしゃるご家族が思うようにしたらいいのです。

旅立たれる方はすべてお見通しです。彼らには私たちを超えた力があります。テレパシーも使えます。だから、私たちと同じとか、私たちよりも弱いと考えるのは、大きな誤りです。もっと彼らに委ねていいのです。それがきっと看取りにとって、とても大事なことだと思います。

「もういいよ、ありがとう」

逆に、旅立つ人にかけてあげてほしい言葉があります。「もういいよ、ありがとう」です。

「もういいよ、ありがとう」というのは、「これまでよく頑張ったね、もう頑張らなくてもいいよ」という意味です。人生の終末期を迎える人は、遺る人たちのことを本当に心配しています。彼らが自分に対して「逝かないで」と思っていることを、誰よりも敏感に感じ、遺される人がその手を放したくないことを痛いほどわかっているのです。ですから、「もういいよ、ありがとう」と言ってあげることは、「ああ、もう頑張らなくていいんだ」と、彼らの背中をちょっと押してあげるような意味合いがあります。彼らにこれ以上の負担をかけないという意味でも、「もういいよ、ありがとう」という一言は、とても大切な言葉なのです。

ただ、このことを知っていなければ、「お疲れさま、もういいよ」と言った後に亡くなったことで、自分が逝かせてしまったのではないかと後悔する人もいるようです。苦しそうにしている姿を見ているのがつらくて、「もういいよ」と言ってしまう場合もあるそうなのですが、本当に肉親が逝ってしまった場合、その一言を言った自分を責め、重たい石を背負うのです。

しかし、実は、「もういいよ」という言葉はなかなか言えるものではありません。

私の家族の話をしましょう。

実は、私自身、看取り士を名乗ったにもかかわらず、最愛の母が死を迎えるときにこの言葉をかけてあげることができませんでした。

母は、亡くなる数日前に神さまに会うようになっていたようで、「死ぬことが怖くない」と言っていました。「目が覚めるとあなた——私のこと——がいるし、目を閉じればお迎えの人と神さまが一緒だから何も怖くない。あなたはいつも私に『大丈夫』って言ってくれているけれど、その意味が本当にわかったのよ」と言ったのです。それを聞いていた兄が食事介助のときに、母に「大丈夫だよ」と言ったそうです。母が苦しそうにしているのを見かねて出た言葉だったのですが、母はその言葉のすぐ後に亡くなりました。兄はそれで心配になってしまったようで、「大丈夫だなんて、言ってしまって良かったのだろうか」と、不安な心情を私に相談してきたのでした。私は「良かったんよ。もう迎えが来ていたから、お兄さんのその一言でお母さんは逝けたのよ」と答えました。兄はそれを聞いて少し安心したようでした。

「もういいよ」と声をかけるタイミングはとても大切です。これまで頑張ってきた人が、いよいよ逝く準備ができたときにかけてあげるといいのですが、往々にして、遺る人たちの「逝かないで」という思いに応えて頑張ろうとします。この一言で、「あ、もう頑張らなくていいんだ」と思ってもらえる、プラスの言葉なのです。

私の母のときも、本当は私が言ってあげたら、母はもっと早くに楽になれたかもしれないのですが、私は母と過ごす時間があまりにも楽しく、母に「もういいよ」の一言を言ってあげることができませんでした。そのことを少し後悔しています。

看取りの事例　その1　雪乃さんの場合

ここで理想的な看取りができた人の事例をいくつか紹介したいと思います。

入院先の病院から、医療的にはもう何もできないと言われた雪乃さん（享年82歳）

を自宅に連れて帰りたいというご主人からの依頼でした。雪乃さんはすでに何日間も水分すら取れない状態になっており、ご本人が「どうしても家で最期を迎えたい」とご希望されました。

ところがご主人は看取りについて明るくないので、私どもの元に連絡してきたのです。私どもがご自宅を訪ねたときは、すでに訪問看護や介護を手配し、かかりつけ医も決め、看取り士の訪問を3回依頼すると決めていらっしゃいました。

看取り士が初めて訪れたのは、奥さまをご自宅に連れて帰られた日、2回目はそれから3日後。このときは、ご主人が不安に感じられたので伺いました。そして、3回目は、奥さまがお亡くなりになられる2日前でした。

最終的に雪乃さんがご自宅にいらしたのは12日間でした。その間に、ご家族は、いわゆる〝心構え〟をつくります。私たち看取り士は、奥さまが今後たどる身体的及び精神的な経過や、最後にどうなるかということを、ご主人に説明しました。

また、私たち看取り士がいないときに、「こういう症状が出たら、こういうふうにしてください」という具体的なお話もしました。

ご家族が一番不安に感じるのは、「この先、病状がどう変化していくのか」ということです。ですので、その不安をほどくためにていねいに説明して差し上げるというのが、看取り士の役割です。ゆっくりとご説明をして、お話をしていけば、必ずご家族の不安は取れます。

そして、最期の看取りの作法を写真でお見せして、「こんな形でお看取りをされると、奥さまは喜ばれると思います」とお伝えします（75ページ「看取りの姿勢」参照）。

こうお伝えしても、本当にその姿勢でお看取りをしてくださる方と、されない方がいらっしゃいますが、雪乃さんのご主人はちゃんと実践してくださり、見事に奥さまを看取られました。

病院を出て、ご自宅で看取ることを難しいと考える方もいらっしゃるかもしれません。ですが、臨終前に出やすい症状、状態をお伝えし、どのようにすればいいのかをお伝えしておけば、たいていの場合はちゃんと対処できるものです。

現状の医療現場では、そういう役割を持った人がいません。私たち看取り士はその役割を担うことができます。

特に雪乃さんの場合は、すでに食事を取っておられませんでした。食事を気にする必要はなく、ゆえに、排せつがないので、オムツ交換の必要もさほどありません。毎日、訪問看護師の方が来て、清拭《せいしき》をしてくださいます。床擦れがあれば、その処置もしてくださいます。

ご主人がすることといえば、ただ心構えをつくってそばにいることです。すでに奥さまはそれほど手がかからなくなっているのです。後は、愛する人と最後の時間を二人でゆっくり楽しむだけなのです。

このようにして、ご主人は、奥さまをご自身の膝の上で看取られました。臨終後も、何時間も膝に抱いたままでした。

奥さまが亡くなられてすぐ、ご主人からお手紙が届きました。「看取りというものを、妻がいのちをかけて教えてくれた。最期はとても穏やかで幸せだった」と。最期のときのために心構えをつくっていくというのは、今までの医療や介護の世界に未だ存在していないプロセスで、私たち看取り士はそのサポートをさせていただいていると自負しています。

ちなみに、ご主人は私の拙著を全部読んでくださったそうです。そうやって、奥さまのいのちを引き継ぐための心構えをつくってくださっていたのです。看取り士として、こういうお話を聞くと、心からうれしく、ありがたく思います。

看取りの事例　その2　吉岡さんの場合

中日新聞の記者として活躍し、ジャーナリストとして開高健賞奨励賞なども受賞されている吉岡逸夫さん（享年62歳）は、私が日本看取り士会を設立して間もない2013年に、鳥取まで来て取材をしてくださいました。それがきっかけで親しくなり、当時から、「自分が死ぬときは看取りをお願いしますよ」と言われていたのですが、まさかこんなに早く、現実のことになるとは思ってもいませんでした。

吉岡さんは、たとえば奥さまの誕生日にも何かをプレゼントするようなタイプではなく、シャイで決して「愛してる」なんて言わない、でも、子供のようなピュアな魂の持ち主でした。

いつもやりたいことをやって、私にも「図々しくなれ」とよくおっしゃってくれました。実際に遠慮もされません。「遠慮なんてしたら、人生がもったいない」という考えの方でした。奥さまにも、「図々しくなって、自分らしい人生を生きていけ」とおっしゃっていたそうです。

ご自宅では、淡々としていてやさしいお父さんでした。かわいい小型犬のワンちゃんがいて、吉岡さんによく懐いていました。

そして私には、最後に「妻を頼むね」とおっしゃるのです。「吉岡さんらしいなぁ」と、彼の愛情深いやさしさに感動しました。

吉岡さんから「相談したいことがある」と呼ばれたのは、２０１７年の9月の終わりごろでした。すい臓ガンで、病院から治療の手立てがないと言われたということでした。この時点で「最期」を意識されてはいたようですが、その後、別の病院で放射線治療と抗ガン剤治療ができるようになり、「希望が見えてきました、頑張ります」とおっしゃっていました。入院中も、「副作用も少なくて順調です」と連絡があり、随分と持ち直した様子でした。その間にもご自身の書籍が出版され、「回復したら、ガン闘病の話を書こうと思っています」と意気込んでおられました。

しかし、今年の2月、「悪い知らせがあります」という連絡が入りました。「すい臓ガンは放射線治療でうまくやっつけたんだけど、肝臓に転移していました。一応抗ガン剤治療も試みますが、すぐに緩和治療に入りたいと思っています。近所に理解ある医師がなかなか見つからないので、機会があれば会ってください」。このように言ってはいましたが、このときには、もうなんの治療もしていませんでした。

私がご自宅に伺ったのは2月8日のことでした。すでに、ご自宅で最期を迎える準備をされて、在宅医も訪問看護も決めていました。

私が最初にご自宅に足を踏み入れたときに、「これなら大丈夫」と思ったことがあります。それは、吉岡さんのベッドが居間にあったことでした。

居間とは、家族の誰もが出入りする場所です。その位置にベッドを置くことで、吉岡さんは常に家族を感じることができ、吉岡さんに異変があったときに家族がすぐに気づくことができます。

私が伺う前日にかかりつけ医が決まり、その当日に訪問看護師が決まったそうです。在宅医の初めての訪問診療の夜は、40分以上も痛みに耐えながら、「死んだほうがマシだ！」と叫んだのだとか。私が伺ったときは、モルヒネが効いてとても穏やかでした。

「柴田さん、僕は昨夜、痛みで眠れなかった。『ヤブ医者め！』って思わず先生に言ったら、先生が僕に謝るんだよ」と言う吉岡さんに、「素晴らしい先生に出会われたのですね。最初から強いモルヒネを使う先生はいらっしゃらないので、そういうものなんですよ。残念ながら」と答えました。

吉岡さんは、苦笑いしながら、こう続けました。

「夜の10時半と、早朝4時半に来てくれた。でも、僕はヤブ医者だの、こんなに痛いなら殺してくれ、だのと言ったんだよ……。でもね、僕は、とても幸せだよ。今は痛みもまったくない。多くの人が僕のために来てくれる。あなたもその一人だ。こんな幸せな人間がいるだろうか」

苦笑いの表情はほほ笑みに変わっていました。気難しい彼が笑みをたたえたことに驚いたほどです。

吉岡さんは、それから5日後の2月13日に他界されました。正直言って、8日に訪れたときには、少なくとも2、3カ月はご自宅で過ごされるだろうと思っていたので、まさかほんの5日後に旅立たれるとは思ってもみませんでした。でも、これも彼が決めたタイミングだったのでしょう。

最期の夜は、たまたま奥さまが添い寝をされていたそうです。朝、奥さまが起きたときには、すでに息を引き取られた後だったそうで、奥さまは「抱いて看取ることができなかった」と悔やんでいらっしゃいました。私は奥さまにこうお伝えしました。

「それは吉岡さんの愛情の深さゆえですよ。奥さまを心配して、最期の場面を見せて動揺させたくなかったのだと思います。添い寝していたのですから、奥さまはお隣で吉岡さんのエネルギーをもらっていらっしゃいます。添い寝した夜に逝かれるなんて、吉岡さんらしい、最高の旅立ちではありませんか」と。

吉岡さんは、ご家族思いのやさしい方で、ご家族に看護の負担をかけたくないと、あの日数で逝かれたのではないかと私は思うのです。

本当に素晴らしい、愛情深い方でした。ご家族にも一人ひとりお別れの会話をされ、奥さまにはきちんと「愛している」と言われたそうです。

特に素晴らしかったのは、最期の土台づくりでした。土台というのは、自分が逝った後も家族が困らないように、すべて準備をされていたという意味です。エンディングノートを書かれ、それをきちんと家族に伝えて理解してもらい、最期のために看取り士まで準備し、その看取り士に「妻のことをよろしく頼むよ」とお願いして逝かれたわけですから。

看取りの事例　その3　涼子さんの場合

このケースは、看取り士たちが現場に伺って感動したと、後から報告してくれた事例です。

松井直樹さん（46歳）から看取り士会に電話が入りました。母親の涼子さん（享年83歳）の看取りの依頼でした。涼子さんは要介護度5、認知症で直樹さんのこともわからず、目はほとんど見えていない状態でした。

9月初旬、軽い脳梗塞を起こし、左半身が動かなくなりました。それから食事が減り、眠りがちなときが増えたので、お迎えが近いと思うと直樹さんはおっしゃるのでした。

10月初旬にご自宅に伺うと、涼子さんはデイサービス後の疲れを感じさせないくらいお元気でした。直樹さんは終始、お母さまのことを「涼子ちゃん」と呼び、頭をなでながらニコニコとお話しされます。母親のことをちゃん付けするのは、良いサインです。

人は旅立ちの前に胎内返り、つまり、子供に返り、親子が逆転するのです。直樹さんにとって、涼子さんは、もはや母親というよりも、自分の子供同然にかわいいわけです。

案の定、直樹さんは、添い寝も考えていました。「ベッドをシングルからセミダブルに変えようと思います」と、こともなげに話します。

10月20日の朝、再び連絡が入りました。「母の呼吸が乱れています。どうすれば良いのでしょうか」。

私は直樹さんに、「お母さまを抱きしめて呼吸合わせをしてください」と伝え、すぐに近所の看取り士に連絡を取りました。

涼子さんの呼吸が穏やかになって4、5分後、直樹さんの腕の中で涼子さんは旅立っていかれました。最期の息のそのとき、嫁いだ娘さんからお電話が入ったそうです。

涼子さんの旅立ちは、ご主人に手を握られ、息子の直樹さんに抱きかかえられ、そして娘さんと電話でつながるといった、家族が一つとなった瞬間でした。

また、旅立たれた当日だけが唯一、デイサービスのお休みと、直樹さんのお仕事の休日が重なった日だったそうです。認知症の涼子さんが、家族水入らずの時間を狙って、最期の時間を過ごしたわけです。

現場に駆けつけた看取り士は、ご自宅を訪ねたときに涼子さんをお姫さま抱っこした直樹さんが現れ、驚いたと同時に、涼子さんがうらやましかったと言っていました。

その後も家族で順番に涼子さんを抱きしめ、穏やかな別れの時間を過ごされたとのこと。

旅立ちの翌日の夜、直樹さんから電話が入りました。「母と添い寝をして良いでしょうか？」と。「もちろんです。しっかりと魂を重ねてください」とお答えしました。

家族全員が一つになった、とても温かな涼子さんの最期でした。

人間の尊厳とは？

先ほどの吉岡さんのように、尊厳を大切にして逝かれた方もいらっしゃいますが、人間の尊厳とは一体何なのだろうかと悩んでしまうこともあります。認知症にならなられた方の場合は特にです。

80代のお母さまと50代の娘さんのケースです。娘さんはお母さまを特別養護老人ホームに入居させたことに対して、ずっと良心の呵責《かしやく》に苦しんでいました。お母さまは身体的には健康だったのですが、認知症で徘徊したり、大声で叫ばれたりするようになり、介護に疲れ果てた娘さんは体調を崩し、やむなくお母さまを特別養護老人ホームに入れられたのです。

ある日、娘さんから電話がかかってきました。施設の方に、「夜中に大声を出されて、他の入居者さんに申し訳ないので、睡眠薬を使っていいですか?」と聞かれたといいます。娘さんは、「柴田さん、私は睡眠薬を使われたくないけれど、どうしたらいいのでしょうか」とおっしゃいます。私は、『『今夜から、私が母のベッドで一緒に寝ます』と言ってみてください」とアドバイスしました。娘さんはホームのスタッフにお母さまの添い寝を申し出たところ、その後、ホームからの苦情はなくなったそうです。

ところがです。しばらくしてから、娘さんから「母が寝てばかりいて、『眠たい、眠たい』と言うのです」と連絡が入りました。そして、彼女の気持ちをゆっくり聴くと、彼女は私にこう言ったのです。「何も楽にならなかった」と。

私はこの言葉を聞いて、すごく納得するとともに、どうしてあげたら良いのか、救いようのない問題に悲しくなりました。

彼女は一人で、同居するお母さまの介護をしていたけれども、心身ともに疲れ果て、自分が体調を崩したことをきっかけにやむなくお母さまを施設に預けることにしたわけです。頑張って頑張って、それでもどうにもならないとお母さまを施設に預けたけれども、今度は母親を他人に預けたという罪悪感を抱えるのです。彼女自身、肉体的な負担は軽減されたかもしれませんが、代わりに「罪悪感」という重たい石を抱えるようになってしまった。要は、何も楽になっていないのです。

そして大変残念なことに、このような話は今の日本ではよく聞かれます。介護が大変なのではなく、いのちを預かる重み——。多くの方がこれを感じているのです。

子供が親を引き取って看ることができれば、それに越したことはありません。しかし、それがいつまでも続く環境にいる人ばかりでもないわけです。今の社会では、「介護地獄」という言葉があったり、実際に「介護殺人」まで発生したりするほど、根深い社会問題です。加害者の方も、ある意味で被害者です。

一体この問題の解決策はどこにあるのでしょうか。

国の施策が変わって、こういう問題が少しでもなくなることを望みますが、私は、一つの解決策として提案したいことがあります。60歳以上の、一度会社を退職された方で、まだ元気で働ける人たちが福祉施設でボランティアをしたり、地域社会のセーフティネットとなる活躍をしたりする。そうすると、この問題が解決への道に展開していくのではないかと考えています。

日本看取り士会では、全国でボランティアさんを募集しています。そして、リクエストに応じて、「エンゼルチーム」を編成します。こういうボランティアさんは非常に重要な役割であるのと同時に、自分の周辺で看取りが必要になった際の予習にもなるので、ご自身のためにも役に立つボランティアではないかと思います。

ちなみに、看取り士を活用されてご家族を看取られた方々は、多くの場合、他のご家族がお亡くなりになるときも同じように看取られます。そしてご遺族が自ら看取り士になられたり、エンゼルチームのボランティアさんになったりされます。

今や日本は4人に1人が65歳以上という人口構成です。しかし、現代の60代、70代はまだまだ元気です。「高齢者の健康に関する意識調査」（2012年、内閣府）によると、約6割の人が65歳を超えても働きたいと考えており、約3割の人が、働けるうちはいつまでも働きたいと答えています。実際、自分たちが社会で役に立つなら何かしたいという人もたくさんいます。彼らも自分がまだまだ社会の役に立つということがわかれば、喜んで協力してくれそうです。

そういう元気な社会的なリソースをなんとか有効に活用できないでしょうか。国だけでなく、国民一人ひとりがそういう意識を持つことで、介護にまつわる悲しいケースが減っていくことでしょう。

最期の瞬間、自分の思いが叶う社会を創りたい――。これが私の夢です。人生最後の大事な時間を支える人がいる。これが本物の豊かさではないでしょうか。

認知症の人でも最期のときは意識が戻る

認知症が進むと、自分が誰かもわからなくなるほどになりますが、最期のときまで認知症のままで旅立つわけではありません。たとえば、娘さんのことがわからなくなってしまった方が、急に「○○ちゃん」と呼んだりします。「あれ？　お母さん、昨日まで娘の私のことがわからなかったのに、臨終では思い出してくれた」というのはよくあることです。たとえ話せない状態であっても、おそらくわかるようになっていると思います。とはいえ、私がこうして話していることは、医学的に解明されていることではありません。「死を受け入れた」と言ったところで、それすらも医学的には何ら解明されていないのです。それでも、やはり、認知症の方はわかっているときがあるはずだというのが、私のこれまでの経験から得た感触です。

ある女性が、「認知症の母が、ごはんが食べられなくて、点滴も打てなくなってきたから、もう延命治療を終わりにしようと思うけれど、それがとてもつらい。どうすればいいでしょうか」と質問をしてきました。

「お母さまはどう思っていらっしゃるの？」とお聞きすると、「聞いたことありません」と言います。その理由を尋ねると、「認知症だから」と言うのです。でも、「プリン食べる？って持っていったら食べるんです。今日調子どう？と聞いたら答えるんです」とおっしゃるんですね。

「じゃあ、ご自身のいのちのことなんだから、お母さまに決めてもらえばいいじゃないですか」と申し上げると、「どうやって聞けばいいのですか？」と言われるのです。

点滴が入らなくても、まだ別のところからの栄養注入はできるし、方法はいろいろあるわけで、その選択をお母さまにしてもらったら良いわけです。「お母さん、点滴入らないけれど、どうしたらいい？」「痛い？」とか。それは本人に聞くべきことであって、「点滴が入らないから治療はもういい」と処置をやめて、それで自分が責められると思い悩むのは矛盾しています。何事も本人に聞くのが一番です。お母さまが「痛いから、もう点滴はいらない」と言えば、それはそれでやめていいわけです。

すごくシンプルなことなんですけれども、おそらく、「認知症だから決められない」と思い込んでいるのでしょう。

1度聞いてだめなら2度聞いて、それでもだめなら3回、4回と何度も聞いて……。諦めずに何度も繰り返し質問すれば、必ず意思疎通はできます。「認知症の方は決められない」と思うのは、単なる思い込み、固定観念にすぎません。ご自身が救われるためにも聞き続けることは大事です。

信じるものがある人は強い

これまで多くの人の看取りをしてきて、宗教観のある方や宗教に馴染みのある方は「死」を受け入れることが比較的早く、また、精神的に強いなというふうに感じています。

私の実家は出雲で、一家は出雲大社の氏子でした。生前、父は「言葉には魂があるんだよ。だからやさしい言葉を使ったほうがいいんだ」と言っていました。また、「私たちは死んだら神さまの元に帰る」とも言っていました。

父が60歳のとき、胃ガンであることがわかりました。しかし、すでに末期だったので、医療の手立てがなく、自宅に帰ってきました。当時、私は小学6年生でした。

父の最期は立派でした。ガンの痛みがあったに違いないのに、苦しいとも痛いとも弱音を吐いたり、荒れたりすることもまったくありませんでした。

最後の最後までお世話になった医師や看護師、世話をしてくれた方々に「ありがとうございました。お世話になりました」と感謝の言葉を伝えていました。私たち家族にも一人ひとりに「ありがとう」とお礼を言い、最後に末娘の私に「ありがとう、くんちゃん」と言って、静かに目を閉じました。

小学生の私の目にも、父の死にざまは本当に潔く、父の死が現在の私の死生観の礎であることは間違いありません。

父のあのような潔い最期は、神さまを本当に信じていたからこそできた業だと思います。日々それを信じて暮らしていたから、あれだけ立派な死にざまを見せてくれたのだろうなと思うのです。

医療者が壁やハードルになってしまう場合

ご本人が自宅での最期を希望していても、医療者の反対にあうために、それが叶わないというケースも少なくありません。

老いた母親が「自宅に帰りたい」と希望し、同居する娘も「それを叶えてあげたい」と願っているとします。家族の意志は一致しているのに、看護師が娘に対して、「あなた一人でお母さんの面倒を見るのは大変ですよ」などと強く反対し、退院をさせてくれなかったと相談に来られた人もいます。残念ながら、このような話はときどき耳に入ってきます。

専門職の方の言う「大変だ」という意味は、素人にはわからないものです。ですから、拡大解釈して「大変なんだ」と信じてしまいます。でも、実際は大変なことなど何もありません。

「看取りの事例　その1」（137ページ）でも紹介しましたが、死が近づくと、人は食べ物を受けつけなくなりますから食事の心配は必要ありません。となると、オムツ交換も楽になります。家族は残された時間を楽しめば良いだけなので、私からすると「一体何がそんなに大変なのだろう？」と疑問に思うのですが、きっと亡くなられる前の体の変化に対応できないという意味があるのかもしれません。

そういうことであれば、看取り士がサポートいたします。亡くなる前に出る特徴的な症状や状態がありますので、「看取りの事例　その1」でも紹介した通り、ご家族にそういった基本的な知識をお伝えし、エンゼルチームの派遣もいたします。在宅医や訪問看護師、ヘルパーとも連携を取りますし、不安なときは看取り士にご相談いただければお力になります。

一番大切なのは、旅立つ方の意志です。旅立つ方が「自宅で最期を」と希望されるのであれば、私たちはできる限り、ご本人の希望が叶うよう、ご本人とご家族のサポートをさせていただきます。

医師の事情——戸惑う医師たち

お医者さんで「自分が当直になると、亡くなる人が多い。だから怖い」と悩んでいる人から相談を受けたことがあります。でも私は、それはいいことだと思います。その先生は、「この先生だと安心して逝ける」と患者さんから信頼されて、選ばれているのです。だから、基本的には良いことなのですが、医師の側にとっては重たいことのようです。

これはどうしてかというと、きちんとした死生観を持っていない人にとって、死とは重たいものだからです。

実は医師だからといって、死の瞬間に直面する人はそれほど多いわけではありません。重たいものをずっと持ち続けると人間はどうなるかというと、うつ病になったり自死をする道をたどるのです。

きちんとした死生観を持たずに死のそばにいることは非常に危険なことなのです。医学部では「死は敗北だ」とは教えられても、死はポジティブなものであるとか、死生観を学ぶといったことはありません。

最近になり、病院や医師会が私を講演に呼んでくださる機会が増えました。医学の世界は「生」のための場であって、「死」については学んでいないと聞いていたのですが、近年の傾向として医療現場では、「延命治療が本当に幸せなのか」「死についてもっと別の視点で考える必要があるのではないか」「死は不幸という概念でいいのか」といった疑問が上がっているようです。

つまり医師たちの間では、〝看取りの概念〟はパラダイムシフト、革命的なのでしょう。

その私の講演で、ある一人の医師が手を挙げて質問をされました。「柴田さん、正直言って、私は死が怖い。どうしたら怖くなくなりますか」。私はこの先生を尊敬します。医師が人前で「死が怖い」だなんて、なかなか言えるものではありません。勇気があり、またその謙虚さに頭が下がる思いでした。

私はこう答えさせていただきました。

「先に逝った方々がお迎えに来たとき、本人は死を受け入れて、そのときから人は仏になります。そのときから、死は怖いものでなく、幸せに変わります。先生にも必ずわかるときがきます」と。

ご遺体のそばに居続けるという意味では、私たち看取り士は、医師よりも死のプロフェッショナルです。私たちは息が切れる前から、その瞬間、そしてその後もずっと見続けるわけですから。死を見つめ続けるとわかってくることがあります。

それは、死だけでなく、生きるとは何かといった哲学的な世界でもあります。心臓が鼓動しなくなった瞬間に肉体が遺体になってしまうと考える医療者と看取り士の間には、「死」に対する受け止め方の違いがあるのだと思います。

現場で悩むナイチンゲール

医療現場で最も患者さんに近いのが看護師ともいえるでしょう。患者さんは医師にも言えない不安や悩みをポツリポツリと看護師に話すことがあります。看護師は患者さんの様子を見て、もっとお一人お一人の心に寄り添いたいと考えているようですが、残念ながら、業務が多すぎて、とてもそんな余裕がないのが現状です。看護の現場で、理想と現実の乖離《かいり》に悩みを抱きつつ、「看取り士」を知り、実際に看取り士になられる看護師の方も多くいらっしゃいます。

医療現場で看護師として長年働いてきて、今では私たちの仲間の一人である清水養子さんが看取り士の研修に参加された後の手紙を紹介しましょう。

私は医療、福祉の仕事について約40年になりますが、この間、若い方、高齢者の方々、また自分の身内を含め、多くの方々の見送りにかかわってきました。今更ですが、死とはこれほど神秘的で愛に溢れたものだと思っていませんでした。今までの自分の行動、言動を恥ずかしくさえ思いました。以前は死というものに対して蓋をするように、また人の目にふれさせないように静かに人知れず対応していたように思います。

施設、病院では、ご家族とゆっくりと過ごしていただく余裕もなく、清拭などの処置をすると、すぐに霊安室に移していました。

私が最初特別養護老人ホームに勤務していたときは、亡くなった高齢者の方がいると、廊下に衝立てを立てて、他の利用者に見せないよう、和尚さんにも裏から出入りしてもらっていたことを思い出します。

しかし、これは旅立っていかれる方にとても失礼なことをしていたのだと思いました。

一般家庭でも、マスク、手袋をして対応しているのを今でも目にすることがあります。

しかし、看取り学講座を受け、今までの旅立っていかれる方への対応、心構え、つまり概念が間違っていると思いました。そして、奥深いものだと感じました。

男性介護者は敗者か？

ニュースなどで、介護の現場で奥さんや母親に虐待したり、殺してしまったりする男性がいるという話はよく耳にします。

京都大学のカール・ベッカー博士の研究では、男性介護者が幸齢者を虐待してしまう原因を、介護は子育てと違い、期間が見えずにやりがいが感じられないからだと指摘しています。もし彼らが「死を敗北」と考えているのならば、介護の先にあるものは死で、その死によってもたらされるのは、虚無感しかないのだろうと思います。

介護の職業に女性が多いのは、単純に言えば、女性が向いているからです。一般的に、食事の支度をして、掃除、洗濯といった家事全般は女性のほうがこまめにやる傾向にあります。子供ができて子育てを中心的にするのも女性です。このように、女性は暮らしに直結しています。女性は母性が強いので、人の世話をしたり、身の回りのことをするのに抵抗のない人が多いのです。

ところが、男性は外でバリバリ働いていたのに、ある日突然、仕事を辞めて介護者になるわけです。そうすると、その環境の変化に慣れるのにまず時間がかかります。さらに、自分は社会から見捨てられたような、置いてきぼりにされたような気持ちになり、その鬱々とした気持ちを弱者に向けてしまうことがあるのです。

そういう人は、親の介護のために自分が会社を辞めざるを得なかったという消化し切れない感情も残っているでしょう。家族を心から愛し、望んで辞めたというのであればいいのですが、そうではないと悲劇です。自分の親だし他に介護のできる人がいないから、という理由で退職したものの、どうしてもそれが本意でなかったために感情が収まり切れないのです。

また、一対一の状態で3時間以上同じ空間にいると、相手を批判したくなる感情が生まれるという説があります。この理由から、私たち看取り士やボランティアも、3時間以上は同じ人に対して面談や奉仕を行わないようにというルールを作っています。ご家族の場合でも、これは心がけたほうがいいと思います。

女性の場合は、外でおしゃべりをしたりして息抜きをするのが上手です。ところが、男性はそういうのが得意ではない人が多い。すると、虐待の方向に流れてしまいやすくなるのです。

何もできない赤ちゃんが徐々にいろんなことができるようになっていく子育てと違い、介護はいろんなことがだんだんとできなくなっていきます。でも、そこには「愛」と「いのちのバトン」を受け渡すという大切なやりとりが介在しています。問題はそのことに気づいて日々を過ごすかどうかなのです。

男性の介護で成功している例もちゃんとあります。

「看取りの事例　その3」（147ページ）に登場された直樹さんは、お母さまのことを「涼子ちゃん」と下の名前で呼んでいらっしゃいました。愛があると、もう母親ではなく我が子のように立場が逆転するのです。それはいとおしさからくることで、ごくごく自然なことです。

男性でも女性でもそうですが、愛情が湧かない、どうしていいかわからないというときは、とにかくふれてください。肌にふれると愛情ホルモンであるオキシトシンが分泌されます。普段からちょっと手を握ったり、肩に手を置いたりするなど、相手にふれるようにしていると、自然とその人に対して、温かい感情が湧くようになっていくのです。

お迎えは母方のご先祖さま――「へその緒の理論」

たくさんの看取りの現場を通して、私はお迎えに来るのは、母方のご先祖さまであると確信しています。母と子がつながる大切な臍帯《さいたい》（へその緒）で説明できます。

臍帯とは、胎児と胎盤をつなぐ器官で、その中には2本の動脈と1本の静脈が通っています。この臍帯について、書道家の安藤妍雪《けんせつ》先生は著書『スべての命は元ひとつ』（今日の話題社・2010年）の中で、興味深いことをおっしゃっています。

へその緒には、三本の管が通っており、うち二本が動脈と静脈、もう一本が霊統である。霊統の管こそが、創造主の太古から連綿と繋がる命を、母子へ伝えるルートであり、管の中は透き通っている。

実はこの断面図こそが、日本の太鼓の文様「三つ巴《どもえ》」の原型となっていると考えられる。太鼓を打ち鳴らすことで、まさに「太古に戻れ」と呼び掛けているのである。

このへその緒こそ、母と子に血が通っている血縁の証です。毎日、お風呂で見るおへそは、母親との確かなつながりであり、母親のおへそはおばあちゃんとつながり、おばあちゃんのおへそはひいおばあちゃんへと途切れることなくつながっています。祖先までずっとつながっている一本の糸のようなものが、目に見えなくとも、私たちの営みの中にあるのです。また、へその緒の断面が「三つ巴」の文様の原型ということですが、子供がでんでん太鼓を打ち鳴らす姿は、まさに「太古」の記憶を鼓動とともに「伝々」と打ち続けているようにも感じます。

私が看取りの場面にいると、皆さん、「母がお迎えに来たわ」とか「おばあちゃんがお迎えに来た」とおっしゃいます。みんな、最初にお迎えにいらっしゃる方は母、あるいは母方の祖先なのです。父母両方に母がいて、私たち子孫がいるのに、どうして母方ばかりなのだろうとずっと考えていたのですが、安藤先生のご著書を読んで、納得しました。私はこれを「へその緒の理論」と呼んでいます。つまり、私たちはへその緒でずっと先祖につながっているのです。

母という人を掘り下げることが、自分のルーツを掘り下げることにもつながり、もっといえば、自分を満たすことにもつながるのです。母親とはこれほどに深く、大切な存在なのです。

こういうと「じゃあ、お父さんは何？」といつも聞かれます。ごめんなさい。お父さんももちろん大切にすべきです。それは間違いありません。

しかし、今生、母親と何らかのわだかまりがある方は、ぜひ、お互いがお元気なうちにそのわだかまりを解いておいてほしいと思います。「自分が本当に愛されている、自分は望まれて生まれてきたんだ」という感覚を味わうことができれば、その体験は自己肯定感につながりますし、それが感じられると、本当の幸せが理解できるようになります。

どんな人でも、へその緒でつながった母親、そのまた母親、そのまた母親……というふうに母方の祖先がいるのです（当然、その過程で父親の存在が不可欠であることは間違いありません！）。

親子の関係性が「幸せ」の度合いにも関係することは、精神医学の分野で証明されていることですが、皆さんが幸せな最期を迎えるためにも、ぜひ、「へその緒の理論」を知っていただきたいと思います。

看取りの現場では、まだまだ女性が圧倒的に多いのが現状です。それは、女性が生まれついて母性というものを持っているからという理由があるでしょう。女性は出産、子育てをしますし、子供を授からなくても、子供や弱い人をいたわる性質が本能的に備わっています。もちろん男性にもその気質は備わっていますが、その傾向が顕著に出るのが女性なのです。一般的に、痛みに強い、忍耐強いのは女性のほうだと言われますが、これも母性の一つの特質です。母性を育てることで、女性は人生を通して成長をしていくわけです。

ところが、男性にはその機会が少ない。最近は育メンも増えているようなので、若い男性に期待しています。

それより上の世代、団塊の世代やそのすぐ下の世代に、私が提案したいのが、男性による看取りです。看取りを経験すると、確実に自らのいのちが覚醒して成長できます。「息子」という字は息の子と書きますが、これは「最期の息を引き取る子」という意味があると教えてくれた幸齢者さまがいらっしゃいました。なるほど、と感心しました。男性にはそういう役割があったのかと。

女性が出産という形で母性を、また、いのちをリレーするのであれば、男性はぜひ看取りで魂の受け渡しを経験しましょうというのが、私の提言です。

虫の知らせとテレパシー

誰かが瀕死の状態や事故など、何らかの重大な出来事に出合うとき、私たちはそのサインを受けることがある。日本では「虫の知らせ」という表現をするが、アメリカのバージニア大学教授、イアン・スティーヴンソン氏は、1970年代、テレパシーの研究をし、その内容を著書の『虫の知らせの科学』（笠原敏雄訳・叢文社・1981年）にまとめている。

160の事例の内、瀕死の状態になった人（発信者）から何らかのテレパシーを受信者が受け取ったという事例が66件、事故や火災など発信者が重大な状況に立たされたのを受信者が感じた事例が67件、非重大事の事例が27件だった。

この研究により、発信者と受信者の関係が近親者である場合に、テレパシー現象が起こることが多いということがわかった。

ある女性のケースでは、ロンドンとアメリカという距離があったにもかかわらず、海の向こうに住んでいた母親の死を察知したそうだ。


一九三〇年に私は、ロンドンに住んでおりました。母は当時七十五歳でしたが、健康状態のすぐれぬまま、オハイオ州クリーブランドにおりました。一月九日のことでした。朝眼をさました私は、母が前夜息を引きとったことがわかりましたので、朝食の時、家族にそう申しました。家族は、クリーブランドから連絡があったのかと聞きました。そうではないけれど、母が亡くなったことが間違いなくわかったのよ、と申しました。朝食が終わらないうちに、母の死を知らせる電報がまいりました。なぜそんな確信があったのかはわかりません。ただ、その朝目がさめた時に、前の晩まちがいなく母が亡くなったことがどうしてもわかったのです。

人は旅立つ前、魂が自由になる。自由になった魂は肉体を抜け出し、会いたい人の元に行く。実際、肉親が亡くなったときにその人が夢に出てきたという話をよく聞く。

そんなことを疑問に思い、研究をしていた人が50年も前からいたということに驚かされる。

第4章 最期くらいはわがままでいい

自分のことだもの、わがままになっていい

日本では、人が最期を迎えるとき、必ずしも自分の希望が受け入れられていると は言えません。自宅で最期を迎えたいと希望する人が5割超なのに対し、実際に最期を自宅で迎えられるのは、全体の2割未満です。希望の通らない場合のほうが多い状態です。

自宅に帰りたいと希望しても、家族が自宅で看るのは無理だと医療者が止めたり、家族の誰かの反対を受けて自宅に帰れなかったり、また、周りに迷惑をかけたくないからと、自分の希望を突き通すことを遠慮するなど、状況はさまざまあるでしょうが、私は「自分のいのちなんだから、最期くらいわがままになっていい」と思っています。

医師にも家族たちにも遠慮することはありません。自宅で最期を迎える方法はあ

ります。それに、今は、国が在宅医療に切り替えたいと考えているので、在宅医療が整いやすい環境もできつつあります。

ご本人は自分の意志をちゃんと伝えて、「そうなんですか。ちょっと待ってください。ここは大事なことだから、私が判断したいので」という勇気が必要でしょう。自分の人生を生きるのも自分しかなく、自分の人生に責任を持つのもやはり自分しかいません。ご家族ともご自分の希望を事前にすり合わせておく必要があります。看取り士の経験から言うと、ご本人が人生の後始末まで考えて準備をしていただけると、遺される方はとても助かります。

慣れ親しんだ自然のそばがいい

離島の「なごみの里」に入所するというナツさん（享年84歳）を本土まで迎えに行きました。島に病院がなかったため、ナツさんは、ながらく本土での入院生活を余儀なくされていたのです。

最初、ナツさんの元を訪ねたとき、ナツさんは、看護師ともほとんど口をきかず、目には光がなく、表情も空《うつ》ろでした。

私が、「一緒に島に帰りましょうね」と話しかけたところ、「島に帰ると思って頑張っている」とポツリと言います。

そんなナツさんに変化がみられたのは、島へ向かうフェリーに揺られている間のことでした。太陽の光が、青い水面にキラキラと揺れています。

車いすに乗ったナツさんに、「ほら、ナツさん、島の海だよ」と言うと、ナツさんの目からは涙がこぼれていました。フェリーが島に到着し、扉が開いて太陽の光が差し込んだ瞬間のナツさんの表情は、もはや病院で見た、空ろなものではありませんでした。

それから「なごみの里」で暮らし始めたナツさんはどんどん変わっていきました。毎日嬉々としているナツさんの姿を見て、84年間の島の暮らしを思いました。島の声に目覚め、潮風の中で生きる、そうした日常が、ナツさんにとっての幸せなのだと。人は心で生きているのだと教えられました。

「あの子はいやだ」

認知症を患うシズカさん（享年93歳）は正直な性格の方でした。シズカさんも島の「なごみの里」の入居者でした。シズカさんは、はっきりとお気持ちを口に出されます。若いスタッフが彼女のお世話をしようとすると、露骨に拒否し、「あの子はいやだ」とはっきり言います。

実はこの言葉、看取り士にとってはとても有り難い言葉なのです。なぜならば、自分に正直でいてくださることで、満足のいく最期の時間を持っていただけるからです。

さて、私はその若いスタッフと話し合いました。彼女はまだ20代前半で若かったこともあり、認知症についての理解が足りなかったのです。たとえ認知症であっても、幸齢者さまの感性までは失われません。認知症になったことで怒りっぽくなったり、わけがわからなくなったりすることはありますが、それも認知症の一側面にすぎず、物事を理解しているときもありますし、感性は研ぎ澄まされていくことのほうが多いのです。

看取りの現場では、旅立つ方が何よりも最優先です。「おーい」と呼ばれたらすぐに駆けつける。「待ってください」という返事はNGです。彼らには、「お酒もたばこも大丈夫。最大限、わがままに暮らしてください」と伝えています。

旅立つ人が心地よく時間を過ごしてもらうためにも、一緒にいて心地よいと感じてもらえる人にそばにいてもらうことにしています。ですので、「あの看取り士さんとは合わないと思ったら、『変えてほしい』と遠慮なくおっしゃってください」と利用者の方にはお伝えしています。これは、性格的な問題だとか、好き嫌いの問題ではありません。

人生の終末期に、本当に自分が心穏やかに過ごせる人とは不思議な〝魂のつながり〟のようなものがあり、その最適な人が最期のときを看取れるように神さまが仕組んでくださいます。私たちはそのことを十分理解しています。それがその人にとって最高の最期ですし、私たち看取り士の本望でもあるのです。

「プリンが食べたい」

余命1カ月と診断された田村洋一さん（享年78歳）という男性がいました。娘の美和さんから「柴田さん、父が病院から家に帰りたがっています。最期まで家で幸せに暮らしてもらいます。看取り、どうぞよろしくお願いいたします」という連絡をいただきました。

美和さんは食事療法を長年にわたって学ばれた方でした。ガンの回復に良いといわれるものを、何時間もかけてスープにしたり、すりつぶして流動食にするといった努力をなさっていました。

しかし、洋一さんは、十数年前から度重なるガンの手術で、すでに食事が取れない状態でした。

私がご自宅にお邪魔したとき、奥さまが冷蔵庫にプリンを入れるのを洋一さんはご覧になって、「プリンが食べたい」とおっしゃったのです。それを見た美和さんは、「お砂糖が体を冷やすからだめ」と即座に拒否されました。

私が「どうぞ差し上げてください」と申し上げると、お父さまは遠慮がちに一口一口、うれしそうに食べて、見る間に完食されました。

美和さんは、その光景に驚いた後、落胆の表情を浮かべながら、こう話してくれました。

「『父に生きていてほしい』という一方的な思いが、父の限られた人生を制限していたんですね。私は頑張りすぎていたのでしょうか」と。

終末期における食は、「好きなものを、好きなだけ」。人生の最期に、このぐらいの贅沢をしていただくことが豊かさではないかと思っています。

美和さんは、「私は急ぎすぎていたのですね。まずは父のペースに合わせてゆっくりと歩くことから始めます」と私に話してくれました。

愛はすべてを超えて必ず結果を出します。食事療法を学ばれた美和さんには、お父さまが好むものを少しずつ差し上げることをお勧めしました。洋一さんは、最期まで喜びの中で旅立っていかれました。

エンディングノートは家族とのすり合わせが大切

これからの時代は、それぞれの人がきちんと、いのちの土台を整える必要があると思います。幸せな最期を迎えるためにも、ぜひ、皆さんに準備してもらいたいのがエンディングノートです。

「尊厳死」や「エンディングノート」という言葉が知られるようになりしばらく経

ちますが、本当に死生観を持ち、エンディングノートを書き、それを家族に伝えて準備するのは、おそらく日本人の2〜3％程度ではないでしょうか。エンディングノートを書いて家族に見せている人自体が5％程度しかいないと聞いていますから。

人の生死、特に死に関しては、誰かがなんとかしてくれるものではありません。それが、現代社会であり、医療の現実です。ですから、事前に自分で決めておくことが、やはり一番大事だと思います（192、193ページに参考資料）。

でも、「あなたは死にますよ」と言われても、8割くらいの人は「まさか！　私は死なない」と思っているかもしれません。もちろん、いずれ死ぬとは理解しているのですが、それが目の前に来ていないというか、実感を持って考えたことまではないのでしょう。

私が提案したい一つの目安の年齢は60歳です。60歳を過ぎたら、自分の旅立ちのことを考えて準備を始めてほしいのです。準備とは、エンディングノートを書いただけでは完全ではありません。それを、配偶者や子供たちとすり合わせ、これを執行するのは誰とか、いのちの責任を持つのは誰なのかというところまで、一つ一つ詰めていくことが必要です。そこが決まっていないと、いくら紙で希望を書いていても、それを実行してくれる人がいないままです。もし、心変わりをしてエンディングノートを書き直したら、改めてすり合わせます。

このすり合わせという作業は、意外と苦労するものです。私も、エンディングノートの準備をして、家族とすり合わせをしましたが、娘の願いと大きく意見が乖離していました。

私が「最期は自宅で」と言っているのに、娘は「お願いよ、病院にして」と言う。まずそこで大きなギャップがあるわけです。病名や余命告知については、私は「病名だけを告知してほしい」と希望するのに対し、家族は「病名と余命の両方を告知してほしい」と言う。一事が万事、この調子です。このギャップを埋めるのに、我が家では6年かかりました。

まがりなりにも看取り士という職業を生業《なりわい》にしている私で、これだけの時間がかかっているのですから、そうではない家庭がどれほど大変なことか、容易に想像がつきます。

しかし、こうして家族と自分の終末期について話し合うことで、自分の死生観も変わってきて、残りの人生がより濃密なものになるかと思います。もちろん私も、このすり合わせの時間によって、家族からたくさんの学びをいただきました。

最近は、「死」について語る場、「デスカフェ」が、世界的に増えています。スイスの社会学者バーナード・クレッタズ氏が、最愛の妻を亡くしたことをきっかけに2004年に始めたものです。私たち看取り士会でも「カフェ看取りーと」という、死について話す場を日本各地で定期的に設けています。「カフェ看取りーと」では、他人の意見をジャッジしません。ただ、死についてそれぞれの思いや意見を語る場として展開していきます。

集まる方々の年齢、性別、職業など、バックグラウンドはさまざまですが、身内の死が間近にある人、親しい人の死を受け入れられずに来る人、死について考えて

終末期について

終末期において、希望なさることを細かくお書きください。

例）手術の同意書の印鑑、手術の立ち会い、手術後の付き添いを希望したいなど

●どこで旅立ちを迎えたいですか

□ 病院　□ 施設　□ 自宅　□その他（　　　　　　　　　　）

●病名や告知について

□ 病名や余命を告知してほしい　□ 病名や余命を告知してほしくない

□ 病名だけは告知してほしい

●延命治療について

□ 延命治療をしてほしい　□ 苦痛を伴う延命治療はしないでほしい

□ 一切の延命治療はしないでほしい　□ 苦痛を取り除く処置はしてほしい

●ドナーカード（記入済みのもの）

アイバンクや臓器提供のカードを記入して持っている人は、身近な人に伝えておきましょう

□ 持っている　カードの種類（　　　　　　　　　　）

□ 持っていない

●後見人

「成年後見制度」は、認知症、知的障がい、精神障がいなどの理由で、判断能力が不十分な人の財産や権利を保護し、支援する制度です。家族、友人、弁護士、司法書士、社会福祉士などに依頼することができます

□ 決めている

氏名（　　　　　　　　）電話番号（　　　　　　　　）

住所（　　　　　　　　　　　　　　　　　　）

□ 決めていない

●お墓について

□ 決まっている　場所（　　　　　　　　　　）

□ 決まっていない

●宗派について

私からのメッセージ

あなたが愛した人へ、夫へ、妻へ、子供たちへ、お世話になった方々へ、この文章を書くに至ったあなたの気持ちを伝えましょう。

例）私は自分らしく生き、自分らしく死んでいきたいと、あなたたちに迷惑をかけながらも、納得のいく人生を送ってきたつもりです。ですから最期も自分らしくと思っています。

　私の最期のわがままです。どうぞよろしくお願いします。

年　　月　　日
署名　　　　印

いる人など、死について何らかの疑問や思いを持って参加されます。

死について考えることは、人生そのものを考えることでもあります。死を見つめることで、人生を見つめ直し、より良く生きようとする前向きな気持ちになることが多くあります。死への準備をしている人は、準備をしていない人に比べ、死生観が養われているという調査結果もあります。

希望はいのちを支える

第1章で旅立ちゆく人にも希望が必要（スピリチュアルペイン）だと言いましたが、希望を持ち続けることも〝自分のわがまま〟という意味でぜひ貫いてほしいことです。

友人の京子さん（享年51歳）は、短大卒業後、保育士として働き、結婚、出産、離婚を経験し、３人の幼い子供たちを女手一つで育てた方です。とても苦労を重ねた方で、私が老人ホームで働いていたときからの友人です。その彼女の息子さんから電話がありました。「母が呼んでいます。すぐに来てほしい」と。

駆けつけると懐かしい顔で友人はこう言いました。

「私、ガンなの。もう治らなそう。医師からホスピスを勧められているんだけれど、入りたくない。どうしよう」

「入りたくないなら、入らなくていいよ。子供たちに甘えたら？」

「いいよね、良かった」

そうほほ笑んで、京子さんは娘さんの小さなワンルームマンションに同居しました。

東京に嫁いでいた次女も赤ちゃんを連れて帰り、小さな部屋は家族の笑い声が絶えませんでした。子供たち全員が彼女の健康を祈ります。そのおかげか、彼女は宣告されていた〝余命〟であったその年の夏を乗り越えました。

そして、秋、呼吸不全に陥り救急搬送。その日から毎日、京子さんと私のメールのやりとりが続きました。

彼女は、「このいのちが健康になったとき、私は子育て支援のためにこの身を使うと決めたの」と言います。私は「言葉は薬よ」と言って、京子さんにその言葉を信じて唱え続けるように勧めました。

京子さんは、「全快したときのために、何を勉強すれば良いかしら」と聞いてきます。私は、少し難解だけれど、良さそうな本を5冊選んで、病院に送りました。すでに食事は取れていなくても、彼女は希望だけを見つめ、熱心に本を読んでいました。

そして、そんな彼女の姿は、子供たちの目には聖女のように映っていたとのことです。「希望」が人間にとってどれほど大切なことかを、私たちは京子さんから学びました。

希薄な親子関係

日本が核家族化してから、親子関係が希薄になったと言われて久しくなりました。特にここ10年くらい、その傾向が一層強くなっているように感じます。多くの若者は、まるで自分が一人で生きているかのように振舞っています。そういう人はきっと、自分にお父さんお母さんがいて、おじいちゃんおばあちゃんがいて、そして自分がいるという縦のつながりを日常的に感じていないのです。

その顕著な理由に、今は多くのお宅にお仏壇がないことが挙げられます。実家にはお仏壇があるかもしれませんが、一人暮らしの所帯にはありません。そうすると、結婚しても仏壇を置こうとはなかなかならないものです。私が思うに、半分くらいのご家庭にはお仏壇がないでしょう。お仏壇まではなくても、お位牌やお写真を飾るスペースもないようです。親が亡くなっていてもお仏壇がない、という所帯は今や珍しいものではありません。

そういう古来あった文化がないと、親や祖先とのつながりを感じる機会すらないわけです。

たとえば、孫が遊びに来たときに、おばあちゃんが手を合わせて「南無阿弥陀仏」と拝む。小さな孫はわけもわからず、おばあちゃんがやっているのを見て、隣で一緒に手を合わせる。そして、飾ってあるお位牌やお写真を自然と見て、「ばあちゃん、これ誰？」「あなたのおばあちゃんのお父さんよ。ひいおじいちゃんはね……」といった会話ができるのですが、お仏壇がないと、そもそもそういう話にもなりませんし、子供たちもそういう体験のないまま成長します。

ですので、ご自宅に拝む場所、ご先祖さまとのつながりを感じられる場所を設けていただければと思います。そうしたら、あなたが亡くなっても、お孫さんが来たときに手を合わせてくれる場があるわけです。

逆縁を口にする若い世代

親子関係の希薄さが浮き彫りになっていることに、若い世代が平気で逆縁を口にすることがあります。「こっちから縁を切る」「アンタなんか、親じゃない」といった言葉を口にし、それから絶縁状態になってしまうというお話をこれまで何度も聞いて悲しく感じています。

親がいなくても子は育つといいますが、かといって親の縁を切っても順風満帆に人生が進むかといえば、それは別の話です。逆にそういう人は、自己肯定感が非常に低いように思います。これは、自分の中にある自分を超えた存在、いわゆるずっと流れているいのちの流れの中で、自分もその存在の一人なのだということに気づいていないのではないでしょうか。つながるいのちを認識できないから、一人で生きていると錯覚してしまうのですが、本来人は一人で生きていけるものではありません。そして、親との関係性に課題を残したままの人は順調に旅立つことが難しいという現実を、そういう方々から看取りの現場を通して教えていただきました。

自分を大切にする

親子のつながりもそうですが、自分を大切にすることも考えてみましょう。たとえば、朝起きて、手の指の1本から足の指全部に「ありがとう、今日もよろしくね」と言ってみてください。ピノキオのように、体の部位一つずつに息を吹きかけるように。それがすごく効果的なんです。その日一日、元気に過ごせます。

皆さんは、自分を愛せているでしょうか。自己肯定をすること、そこから感謝が始まります。私たちのいのちは宇宙とつながっています。そして、今私たちのいる空間は、これまでいのちをつなげてくださった方々の愛で満ち溢れています。そういう大きな愛を一身に受けていると体感できると、自分を大切にでき、周囲への感謝にもつながっていくのです。

自己肯定感を高めて自分を愛すること。自分が満たされていると、自然と他人にも愛を与えられるようになります。

私自身、こういうこともすべて、旅立たれた方たちから教えてもらったのです。

子と祖母を一緒に看る女性

そういう意味でいうと、この方のケースはとても励まされるケースでした。

絵里さん（31歳）は、祖母の栄さん（享年84歳）を看取られました。

私が見舞ったとき、自宅の居間には二つのベッドが並んでいました。栄さんの介護用と、赤ちゃん用。絵里さんは出産直後でした。

居間にベッドがあるというのは、私の経験上、とても良いサインです。第3章の吉岡さんの場合もそうでしたが、居間は家族全員が集まる場所です。人の声があり、気配を感じるので、ベッドで休んでいる人は安心感を抱きます。一方、その人に異変があった際、家族はすぐに察知できます。居間は誰にとっても最適な場所なのです。しかし、居間にベッドを置くのは、家族の絆が強くないとできないことです。

胃ろうをつけていた栄さんは、ほほ笑んで私を迎えてくださいました。絵里さんの出産と、栄さんの入院時期が重なり、そのとき、栄さんは自ら胃ろうを選択されたのです。どんな体でも自宅に帰り、ひ孫の姿を見たいと希望されていました。少しでも長く生きたいという気持ちと、孫にできるだけ迷惑をかけたくないという理由で、胃ろうをつけられたのかもしれません。

絵里さんは産後すぐから、ご主人と二人で、生まれたばかりの赤ちゃんとおばあちゃんを同じように育みました。赤ちゃんのオムツを替え、その手でおばあちゃんのオムツを替えます。そして、物言えぬ二人を見つめ、さすりながら声をかけるのです。

思えば、皆そうして大人になり、そうして死に至ったわけです。今、暮らしの中でこうした光景を目にすることがなくなりましたが、一昔前であれば、当たり前のことだったのです。若い絵里さんの姿はまぶしく、笑顔はとても美しく輝いていました。

その部屋には目に見えない温かいものが溢れていて、その場にいた誰もが幸せを感じました。そして1年後、穏やかな暮らしの中で、栄さんは旅立ちました。

こうした看取りができる人が若い世代にいることは、うれしいことです。

血のつながらない親子・魂のつながり

家族の縁とは不思議なものだと思います。私たちは、両親から愛情を受け、育ててもらいましたが、両親のもとに生まれたからといって、必ずしも価値観を同じくする関係性ではありません。反発し合い、理解されないことに悩むような関係性もあれば、一方で、家族ではないのに、思いを共感できたり、ものすごく縁を感じる人も人生の中にはいます。

これからの時代は百歳時代です。そこまで生きると最期に独りになってしまうかもしれませんし、必ずしも家族が看取ってくれるとは限りません。そういう人でも魂の友のようなつながりを見つけて、そこで看取り合う生き方もできるのではないでしょうか。

私にとって、信子さん（享年93歳）は、血のつながりはないけれども、魂のつながりを深く感じる人でした。この方は第1章で登場した全盲のご主人の介護をされていて、私が強い衝撃を受けた方です。

信子さんは、介護していたご主人を亡くし、90を過ぎてから、60代の息子さんを突然の病気で失いました。家族を失い、独りぼっちになってしまった信子さん。

しかし、信子さんはそういうことをおくびにも出さず、気丈に暮らしていらっしゃいました。すでに腰は〝くの字〟に曲がっていましたが、毎日きちんと庭のお花や野菜の手入れをしていました。

離島にいた当時、私は新参者ということで、島の中で孤立していました。信子さんが「なごみの里」にやって来ると決まったとき、私は、最愛の母を見送ったばかりという時期だったこともあり、信子さんの入居に救われました。というのも、信子さんが、こう言ってくださったからでした。「アンタは親のない子、ワシは子のない母だ。本当の親子になれたらいいね」と。

そのときの私にとって、これほど心強い励ましの言葉はありませんでした。以来、信子さんと私はまるで本当の親子のように仲良くなりました。とはいえ、島で生まれ育った信子さんは、決して愛想の良い人ではありませんでしたから、私が何をしても「ありがとう」とは言ってくれません。でも、信子さんの芯の強さは私の母に似ていて、決して泣き言のようなことは言わないのです。それがどうも母の面影に重なったのでしょう。とてもやさしいんだけれども、芯が強い。「うちの母もこうしただろうな」という部分を、私は信子さんに見ていたのです。

そんなわけで、私にとっては、母親同然の存在なので、お礼の言葉がなくてもまったく構わないのですが、その信子さんが、亡くなる2日前に「ありがとなー、世話になったなー」と私に言ってくれたのです。

それから信子さんは一言も言葉を発することなく、旅立たれました。

私への感謝の言葉が、信子さんの最期の言葉でした。

最期の後始末

今の日本は、独居世帯が多くなっています。自然と孤独死の割合も上がっています。みんな、「孤独死だけはしたくない」と言います。最近は、国が在宅医療を推し進めているので、地域の在宅医と訪問看護師、ヘルパーなどが連携をして、独居の方でも暮らしていけるような環境が整いつつあります。また、最近はセコムなどのセキュリティ会社やスポーツジム、ヤクルトやダスキン、郵便局といった民間企業も〈みまもりサービス〉を展開しています。

ただ、この連携が密であったとしても、独居の方が息を引き取る瞬間まではカバーし切れません。

ここに看取り士を入れていただければ、最期の瞬間までお世話することができます。介護の段階から、その方の医療の連携の中に看取り士も入れていただければ、それぞれの分野の方と情報を共有します。

また、家族間の意見が異なる場合など、家族会議のコーディネートのようなことも請け負います。第三者が仲介することで、皆さんが意見を出しやすくなることもあります。

最期が近づくと、呼吸など、状態に特徴的な変化が現れますので、いよいよだなというのがわかります。そのときに看取り士がそばにいて、最期の時間を共に過ごさせていただき、その後、ご家族や医療者の方々など、しかるべき方たちに連絡を入れます。

こうすることで、孤独死を防ぐことができます。

孤独死を不安に思っている方が心配しているのは、死後、幾日経っても誰からも発見されないことです。しかし、医療連携が介入している方ですと、死の瞬間はお一人だったかもしれませんが、死後24時間以内には誰かが発見できます。問題は、社会や地域からも孤立している人や、「まさか自分が死ぬなんて」とまだ死を具体的に考えていない人が突然、心臓麻痺や脳梗塞などで死亡してしまう場合です。自分の体が突然発作を起こすようなリスクを抱えている場合、また、ある一定の年齢になった場合は、万が一のことを考えて、ぜひ準備を始めてほしいと思います。

なかでも、これだけは絶対に避けてほしい逝き方があります。それは、孤独死を選択した上で、その後のことを考えずに社会と断絶して死んでいく「孤立死」です。この本で紹介しているお話は、すべて本当にあったことですが、このケースほど心が晴れない出来事はありません。

あるとき、福祉事務所の職員から「なごみの里」に連絡が入りました。

「自分たちはどうすればいいのかわからない」と。それは、山の上の一軒家に一人で住んでいる男性、村上仁志さん（70代）についての相談でした。

村上さんは、「自分は国の世話にはならない」の一点張りで、ご自宅を訪ねた福祉事務所の職員を追い払い続けていました。定年退職後にこの山の上に住み始めたため、村上さんには地域の人とのつながりがまったくありません。ところが、晩年、末期ガンになられたのです。病院で診断を受けたことを契機に、ケアマネージャー、ヘルパー、訪問看護師らが、村上さんのご自宅を代わる代わる訪ねられたのですが、ことごとく断ったのです。困り果てたケアマネージャーが福祉事務所に相談したのですが、福祉事務所の職員に対しても同じでした。困り果てて私のところに連絡が来たのは、秋も深まるころでした。

白い息を吐きながら、ボランティアの若い男性と一緒に、村上さんのお宅を訪ねてみると、彼は手作りの木のベッドに寝ていました。私が名刺を渡したら、それを見て「君は宗教家か？」と言うのです。「どうしてですか？」と答えると、「ボランティアでこの活動をしているんだろう。そんなことは宗教家以外には考えられない」とおっしゃいます。

私は、「宗教家ではありません。私は、誰もが最期には愛される社会をつくりたいのです。なので、村上さんのお役に立てるなら、喜んでさせていただきたい」と申し出ました。しばらくの間、右手に持った私の名刺を見つめていましたが、同行した男性のボランティアに向かって、「じゃあ、明日の朝来て。朝食の準備をしてほしいから」と言われました。そして、一度もベッドから起き上がらず、横たわったまま、朝食の準備の手順を細かく指示するのです。私は、「こんなに体が大変なのに、この状態で細かな指示を出すなんて、すごく個性的な方だな」と思いながら聞いていました。

果たして、翌朝、ボランティアの男性が伺った後、「もう来るな」という連絡がありました。「君たちのことが気に入らないから、来てくれなくて結構」と言うのです。仕方なく、福祉事務所の職員さんに連絡をしました。「あのお体で、私たちのことも拒否なさいましたので、公的機関である福祉事務所の皆さまにお任せするしか方法はありません」と。その後は福祉事務所のほうで、村上さんを訪ねていることだろうとばかり思っていました。

ところが、雪解けの季節になって、地元の警察から一本の電話が入りました。山の上の家で、腐乱死体が発見されたというのです。そのご遺体は私の名刺を握っていたのですが、性別の判断すらできないので、来てくれないかと。すぐに現場に向かいましたが、すでに身元確認が済み、お会いすることはできませんでした。

独りで逝った村上さんのことを思うと、残念な気持ちが湧き上がりました。同時に、このような逝き方は、死後、どれほど多くの人を巻き込むのかを教えていただきました。

それにしても、なぜ、村上さんは最期に私の名刺を握っていたのでしょうか。最期の瞬間になって、助けてほしいという気持ちが村上さんの中に起こったのか。私に電話をしようと思われたけれども、電話は電池切れだったのでは、と想像しています。

それ以来、私は「孤立死は絶対だめ」と、行く先々で伝えています。〝孤独死〟とは違い、〝孤立死〟は社会と自分を断絶する行為です。そして、たとえ自分が希望して〝孤立死〟を実行したとしても、必ずご遺体を片づける人がいるのだということを決して忘れないでほしいのです。どれだけ私が魂の話をしようと、愛の話をしようと、私たちが「肉体」という着ぐるみを着た存在であるということ、自分が死んだ後に自分の遺体の処理をする人が必ずいるのだということを理解しなければなりません。そこまで考えた上で、孤独死を望むのであれば、社会とのつながりはきちんと持った〝孤独死〟の旅支度をしていただきたいと、切に願います。

今後ますます増える「おひとりさま」

今度は、同じおひとりさまでも、自分の後始末をきちんとされた方のお話です。

日本は生涯未婚率が上昇し続けていて、２０１５年の国勢調査で50歳までに一度も結婚をしない人の割合は、男性で23％、女性で14％です。

私が現場に出向いている感触からしても、今後、おひとりさまはさらに増えると思います。

また、おひとりさまにはキャリアを積んだ女性が多いです。私自身もそうなのですが、ずっと働いていると、仕事以外に友達を持つとか、カルチャーセンターに通って友達をつくるといった余裕、余力が時間的にも体力的にもありません。歳を重ねるとともに、自分にかける時間も必要になってきます。すると、その分、友達との交流も減ってくるわけです。

ある程度の年齢に達したときに「ガンです」などと宣告されて、ふと気がつくと、「あれ？ 私、今まで一生懸命働いてきたけれど、一人!?」みたいなことになるわけです。

今後、独身のキャリアウーマンが歳を重ねると、当然、おひとりさまで亡くなっていくケースも増えるでしょう。

和香子さん（50代）は、元看護師。仕事に夢中で結婚をしないままの人生だったと振り返ります。ステージ5の肺ガンで余命宣告をされた、と私の元に連絡が来ました。

「持ち家の処分をし、医療は受けないと覚悟を決めました。ところが、困ったことが一つありました。私は死を覚悟したものの、亡くなった後に一人で棺桶まで歩けないことに気づいたんです」と笑います。

すぐに和香子さんに連絡を入れ、訪問することになりました。

和香子さんのご自宅に伺い、「大丈夫ですよ。お住まいの近隣の看取り士を派遣しますね」とお約束をすると、「柴田さんがいてくれて良かった。これで私は何も心配することがなくなった。安心して逝ける。何かあったら連絡します」とお話しくださいました。和香子さんのような方は本当に潔いです。同じ女性として、とても励まされます。

和香子さんは、その後、お元気になられました。50代の方だったので回復も早かったのでしょう。

これは、幸いなケースですが、和香子さんのように、自分が「おひとりさま」で最期を迎えるかもしれないとなったら、一度、看取り士にご相談ください。

私たちはご本人が元気なときは1カ月に1回、状態によって1週間に1度、3日に1度といったふうに、お電話をしたり、ボランティアが訪問するなどして、看取り士を中心として、その方の最期の瞬間までサポートをいたします。

看取りの新しい役割、メンタルサポート

おひとりさまの増加や、若い世代で重篤な病気になる人が増えていることなどから、従来から提唱していた「看取り」と、近年の看取りとはその方法も、私たち看取り士の役割、在り方も変化しているように感じています。

昔は、日本看取り士会が開く看取り学講座では、幸齢者の方の看取りの方法を中心にお話ししていました。幸齢者の方は、ある程度の段階になると、自然と自分の肉体への執着を手放すことができるようになります。そのタイミングはもちろん、人それぞれなのですが、遅かれ早かれ、そのタイミングはやってきます。そして、最期は静かに逝かれるわけです。

一方で、若い方は、なかなかそうはいきません。まだ自分はやり残したことがある、自分の人生をここで終えたくない、というその強い気持ちも、その裏にある事

情もよくわかります。若いだけに人生に対してまだまだやり残した気持ちがある、育ちざかりの子供がいる、自分を頼りにしている家族がいるなど、人生に執着する理由はいくらでもありますし、私たちもその想いを手放さなくてもいいと思います。

そして、私たち看取り士は、そういう方々に対して〝希望〟にならなければなりません。「奇跡をあなたに届けます」「希望を渡します」という存在になるのです。

それは、メンタルサポートのような役割もあるかもしれませんし、「セカンドオピニオンでもう一度診ていただくのはいかがですか？」といった、現実的かつ実際的なアドバイスの場合もあります。

理恵さんの場合は、まさにそのケースでした。

理恵さん（享年37歳）には、小学生から中学生の5人のお子さんがいらっしゃいました。卵巣ガンの末期の宣告を受けていましたが、自宅で生活をされていました。

そして、「子供たちのために死にたくない。助けてください」と泣かれました。

理恵さんには、子供の心配だけでなく、母親との間に問題もありました。長年にわたり、互いに感情的なしこりがあったのです。私は、「それは早急に解決しなければならない」と思い、「出張・胎内体感」を開始しました。理恵さんは「胎内体感」を終えると、「私より小さな母が、毎日赤ん坊を抱くかのように私を抱くのです。なんだか恥ずかしいけれど、うれしかった」と告白してくれました。

理恵さんのお母さまは、驚くと同時に、「娘は死にそうだし、私たちの仲は最悪で、今まで地獄の苦しみだったけれど、娘が抱きしめてくれて、長いこと積み重ねていたわだかまりが解けて天国みたいだ」と喜んでくださいました。

しかし、その後、残念ながら理恵さんのお父さまが肝臓ガンで亡くなられました。理恵さんから夜電話があり、「私はこんな体だから、お葬式にも行けないけれど、お母さんがスマホで見せてくれた父の顔が笑っているようだった。それを見て安心しました。父は苦しまないで、みんなに感謝しながら逝ったということがわかりました」と。

私は彼女に、「お父さまは魔法使いになって、理恵さんの病気を治すために来てくれるの。だから、あなたはこれから良くなるしかないのよ」という言葉をかけました。

理恵さんは私の言葉を信じ、夜になって痛みが襲ってくると、お母さまに体をさすってもらいながら、「お父さん、この痛みを取って」と言って、眠りに落ちていたという夜が幾度かあったようです。

私はお父さまのニュースを聞いたとき、心底、「彼女のお父さんが、彼女に奇跡を起こすために先に逝かれた」と思いました。

今の私には、看取り士がご本人やご家族にとっての精神的なサポートにもなれればという願いもあります。

そのためにも看取り士には「母性」と「父性」の両方が必要です。「母性」だけでは足りません。

「父性」は社会的な役割の部分で発揮されます。葬儀社と向き合って、ドライアイスを入れるのを待ってもらう交渉をしたり、ケアマネージャーに「もっと患者さんのために看取り士ができることはないか」と相談するなど、その場で相手の意見に流されないために父性が鍵になるのです。私は、日々の暮らしの中でいつも、「やさしく、やさしく、やさしく」と心がけているのですが、その裏には「強く」という言葉が隠れています。

看取り士も世の中の時流に合わせ、必要とされる対応も能力も変わっています。その変化に敏感であるよう、私自身、日々努力をしております。

変わりつつある医療の現場

医療現場も変わりつつあります。スピードを優先していた以前ならば、医師が「ご臨終です」と死亡宣告をしたら、すぐに清拭に入っていたのですが、最近は、死亡宣告の後、ご家族の方に「(旅立たれた方の)手を握ってください」と促す病院がポツリポツリと増えているのです。

看取り士の研修にいらっしゃる方も、看護師やヘルパーが多く、やはり直に現場に携わっておられる方の関心が高いことがうかがえます。

先ほどの理恵さんは、その後お亡くなりになりましたが、そのときの病院の対応は素晴らしいものでした。息を引き取ってから、ご主人が3時間半もの間ベッドの上に上がって理恵さんを抱きしめ、ふれておられました。子供たちは涙を流しながら、「お母さん、私のこと、ずっと見ててね」「お母さん、大好きだよ。絶対に忘れない」といった言葉を理恵さんにかけ続けました。

通常、死亡宣告は息を引き取った直後にするのですが、理恵さんの担当医は、家族がお別れをする時間を待ってくれたのです。現場に入っていた看取り士に、医師が、「看取り士さん、私はいつ入ったらいいでしょうか?」と聞いてくださったおかげで、最終的に死亡宣告は3時間半後になりました。

まだあります。この病院はそれまで、死後すぐに死亡宣告をして、その後、ご遺体を葬儀社へ送るのが常だったのですが、このときは理恵さんのご遺体をご自宅に帰すことを許可してくれたのです。

医療者たちの業務は細分化され、決まった業務の流れがあり、マニュアル化が当然とされています。普通はそこから外れようとはしないものなのですが、やはり、現場では「何か、これではいけない」と感じる人が少なからずいるという証ではないでしょうか。

また、このような前例ができることで、この病院では、2例目、3例目がつくりやすくなります。こうした流れが病院にできていることを、私は大変前向きに捉えています。

希望ある若い世代

看取りの世界も若い世代の台頭があり、新しい風を感じています。

今、看取り士会には、10代は1人、20代は2人の看取り士がいます。最年少は18歳の女性で、高校を卒業したばかりです。

看取りの現場にいると、若い人の感性は全然違うと感じます。心がとてもオープンで素直です。これはとてもいいことです。オープンで素直であるということは、物事の吸収が早く、看取りのような敏感な感性を必要とされる現場で、必要な情報を察知しやすいのです。私は、常々、看取りを学ぶのに一番適しているのは子供と若い人、と言ってきたのですが、その理由はこういうことなのです。

最年少の看取り士の香菜さん（18歳）は、小学生のときにお姉さんを白血病で亡くしています。お姉さんと一緒のベッドで寝ていたときにお姉さんが息を引き取るという体験があり、看取り士に興味を持たれたようです。彼女はすでに、肉親の看取りの体験者なのです。

他の若い看取り士にしても、母親が看取り士で、自分もその影響で看取り士の資格を取ったという方がいらしたり、看護の専門学校に通っている学生が、看取りに興味を持って来られたりと、新しい風を感じます。

　理恵さんの5人のお子さんもそうでした。5人はお父さんと一緒にお母さんをちゃんと看取りました。お母さんにふれ、お母さんのエネルギーをしっかりと吸収したのです。そうすることで、死とは怖いものではなく、愛のエネルギーを受け渡すものなのだということが理解できます。それが少しでもわかることで、その知識、経験を他の人にも分け与えることができます。こういう柔軟な感性は、さすがに若い人はすぐれています。

　昔、「なごみの里」にボランティアに来てくれた女子高生の杏美さん（当時16歳）もそうでした。

　杏美さんは、私の話を聞いた後に、こう感想を伝えてくれたのです。

「私は、柴田さんの話を聞くまで、親が生きているうちに死にたいと思っていました。でも、最期を幸せにという活動を知って、長生きをしてもいいのかなと思えました。活動を続けていてくださいね」と。なんと柔軟でフレッシュな感性なのだろうかと驚いたと同時に、うれしかったのを記憶しています。

東日本大震災の1年後の2012年に、被災地のある中学校からご招待をいただき、講演をしました。生徒数が千人くらいの学校です。校長先生から、「うちの生徒は非常に荒れているので、柴田さんが話している最中に半分くらいが席を立ってしまうと思います。すみません」と事前に謝られました。震災に遭った後で、ご家族を失ったりして、気持ちがすさんでいた生徒さんもいたのでしょう。心の準備をしてから、講堂へ入りました。

講堂の中には全校生徒が整列していました。私は壇上から降りて、整列している生徒たちの間を歩きながら話すことにしました。そうしたら、最後まで一人も立ち去らずに聞いてくれたのです。

話の内容は『いのちのバトン』。

最初は悩みました。果たして、被災していない私がこの話を本当にしていいのだろうかと。でも、どう受け取るかは生徒さん次第だからお任せしようと、話すことを決意しました。結果、彼らはとても熱心に聞いてくれました。

「旅立った人たちは、あなたたちのことを幸せに導く天使になっています。姿が見えなくても、元気なころのその方と同じなのです」ということをお伝えしました。私には、「彼らはそれをわかってくれた」とその場で感じられました。

きっと彼らにとって、身近な人たちの死は、重たい石を突然ポンと渡されたようなものだと思います。ある日突然、重たい石を持たされて、それを、どうしていいのかわからない。そんなこと、家庭でも学校でも教わりません。石を下ろしていいのかも、下ろしたくてもその下ろし方もわからない。それが、彼らにとっての震災なのだと思います。石は下ろしても構いません。持つことを放棄しても構いません。しかし、いずれにせよ、彼らの心を癒してくれるのは、今は時間しかないでしょう。時間というのは、誰にとっても非常に大切なものです。

広がる海外での「看取り」の取り組み

今、看取りの取り組みは、海外に広がっています。私が何かを宣伝したわけでもなく、海外の方から私にオファーしてくださるのです。とても不思議なことです。

2年前からカナダで看取り士の育成を始めており、昨年7月に、カナダに新法人が設立されました。また、昨年から、中国の方を対象に看取りというコンセプトを理解してもらおうと、講演会を開いています。初めて聞く概念だと、参加者の皆さんが興味を持ってくださいました。中国の終末期も日本と同じで、病院で亡くなったら、家族とお別れの時間をゆっくり取る間もなく、葬儀社が入るそうです。スピードと効率の中で終わっていくのだと。すごく衝撃的ですが、私たちが伝える看取りの温かさという概念が、自分たちの中にはまったくなかったと、参加者の方はおっしゃっていました。

ということは、中国でもグリーフケアを必要としている人はたくさんいるということです。私の講義を聞いた方々が、本国で広めるような活動をしてくだされば、中国で看取りが実現する日もそれほど先のことではないかもしれません。

明るい未来を夢見て

若い世代のみずみずしい感性や積極的な行動にふれ、私はすごく明るい日本の将来像を見ています。

みんなが〝いのち〟に目覚めたら、すべて良い方向に変化していくと思います。ありとあらゆる問題が転換していくでしょう。

私はそれを楽しみにしていますし、その日を夢見て、これからも終末期の現場でていねいに対応してまいります。

明け渡しのレッスン

精神科医、エリザベス・キューブラー・ロス氏は、「死の受容プロセス」を提唱したことで有名だ。彼女は、自分を明け渡す、つまり、大いなるものに身を委ねることが本当の自由、平安になると言っており、実際に死を受け入れるためのカウンセリングもしていた。

絵を描くことが得意な少年が不治の病になり、いよいよ死期が迫ってきたとき、少年は自画像を描いた。それは、巨大な砲弾の直撃を受けているちっぽけな子供の絵。少年が、自分はとうてい病気に打ち勝つことができないと考えているのがわかる絵だ。自分が死ぬことはわかっているけれども、まだその覚悟はできていないのである。

ロス氏がカウンセリングをする中で、少年は死を受け入れ、体に起こっている事態に自分を明け渡した。少年が羽をつけて天国に飛んでいく自分の姿を描いたのを見たとき、彼女は、自分の仕事が終わったと悟った。やさしい力が自分を天国まで連れて行ってくれると感じるようになった少年は、死に抵抗することをやめた。その明け渡しによって、短期間ではあったものの、少年は残りの人生を意味のある、楽しいものにすることができたのだ。

死の床にある人が、それまでは得られなかったこころの平安をみいだすのは、死とはともあれ手放すことだからだ。許しも手放すことであるという意味では、死とおなじだ。許さないということは、むかしの傷や怒りにし

がみついているということである。恨みの感情に栄養を補給して、過去の不幸な部分を生かしつづけることである。（中略）
死の床にある人たちは、ほんとうの許しについてたくさんのことを教えてくれている。（中略）かれらはこうおもっている。「おまえは過ちを犯し、おれも過ちを犯してきた。過ちを犯さない人なんていないんだ。でも、もうおまえを『過ちを犯した人』という目でみたくはない。自分にたいしても、そんな目でみるのはやめた」（エリザベス・キューブラー・ロス、デーヴィッド・ケスラー著・上野圭一訳『ライフ・レッスン』角川文庫・2005年）

明け渡しのレッスンは、簡単ではない。しかし、一度、明け渡しができるようになると、この少年のように人生は一変する。死生観を学び、死について考えることは、明け渡しのレッスンの始まりのようなものではないかと思う。

第5章

対談　柴田久美子×鎌田 實

柴田久美子　しばた・くみこ（写真右）

鎌田　實　かまた・みのる　諏訪中央病院名誉院長・地域包括ケア研究所所長（写真左）

■「看取り士って何?」

柴田 今日はありがとうございます。このたびは鎌田先生とお会いできるのを楽しみにしておりました。

鎌田 初めまして。実は、僕は看取り士というのが、どういうことをする人なのかよく知らなくて、今日の対談を迎えました。今日は、いろいろと質問をさせていただいてもいいでしょうか?

柴田 はい、もちろんです。

鎌田 いきなり直球ですが、「看取り士って何?」という質問です。実際にこのような質問をされることはありませんか?

柴田 はい。そういうこともあります。ほとんどの場合、ご依頼はご理解くださっているご本人やご家族の方からですので、彼らがご家族にご説明してくださっていて、7割くらいはご理解いただいているという感じです。
看取り士とは、余命告知、または、お食事が口から取れなくなってから、ご本人、そのご家族の不安を取るために、共に寄り添う役割です。納棺前まで寄り添わせていただきます。

鎌田 なるほど。それで、スムーズにいっていますか？

柴田 はい。現場では。

鎌田 「看取り学講座」の内容を拝見したのですが、〝内観〟や〝胎内体感〟というワードが出てきて、これが研修の中に入ってくると、疑問に感じる人もいるのではないかと思うのですが。

柴田 実は、その点について、社会学者の上野千鶴子先生からも、「胎内体感を省いて、看取り学だけで確立したほうが良い」とご指導をいただいています。
ただ、鎌田先生もご存じの通り、死の現場で、しかも初対面という特別な場面に対峙するためには、看取り士の人間性を高めていく必要があります。ご本人とそのご家族、また、周りの関係者の皆さんとの心のバランスを取るという、非常に責任のあることをやっていかねばならないからです。ある意味の人間性を問われる現場でお仕事をさせていただくわけです。

ですから、座学だけでは難しいと思い、胎内体感を入れているわけです。

鎌田　胎内体感はどういうことをするのですか？

柴田　胎内体感は、内観法から派生させたものです。自分の行動、思考、感情を観察し、すべての物事を肯定的に受け止められるようにする内観法に、母親との結びつきをより強く感じられるプログラムを加え、胎内体感を完成させました。

自分の人生で、母親からしてもらったことを、現在から段階的に遡って、思い出してもらいます。たとえば、「お母さんに毎日お弁当を作ってもらった」「お母さんに学校まで送ってもらった」「お母さんが夜食を作ってくれた」など、「していただいたこと」だけです。最終的には自分が母親の胎内にいたときに遡って振り返ってもらうことで、母親とのつながりについて改めて意識をしてもらうという意図があります。

短くても丸1日、長い場合は4泊5日かけて、この作業を繰り返していただきます。これだけ時間を使って母親との関係を見つめ直すと、ほとんどの人は、母親に対するそれまでに感じたことのない温かな感情を感じるようになります。母親との強いつながりを感じることで、絶対的で揺るぎない自己の価値が確立され得るのです。

そして、当事者意識を体得します。狭い空間で、話すことも外出することも自由にできない中で、旅立つ方々の想いを体験し、看取り士として現場で対応できる人間力を育てます。

鎌田 なるほど。そういうことは確かに座学だけでは難しいでしょうね。ただ、ご承知の通り、この国の医療の現場は、医師、看護師らを中心に、国家資格の保有者で占められています。そういう現場の中に、看取り士が入っていくということが実際、できていますか?

柴田　そこは、ご指摘の通り、まだまだ少数です。現在、看取りの期間においてボランティアをする「エンゼルチーム」という別組織を持っております。看取り士の卵たちはそのエンゼルチームを実習の場として実地体験を重ねています。

鎌田　なるほど。そういう活動もなさっているのですね。

「看取り士」誕生秘話

鎌田　柴田さんは、最初から、医療関係のお仕事をなさっていたのですか？

柴田　いえ、最初は日本マクドナルドで働いていました。当時は、マクドナルドが日本に来たばかりで、勢いのあったときです。

鎌田　というと、昭和……？

柴田　マクドナルドが来たのは昭和46（1971）年で、私が入社したのは昭和48（1973）年でした。

鎌田　僕が東京医科歯科大学にいたときだ。当時の、マクドナルドが進出してきたころの空気を覚えていますよ。「すごく勢いがある会社だなぁ」と思っていました。

柴田　そうですね。藤田田社長（当時）が「飲食業日本一の給料にする」と豪語していましたので、当時は勢いがありましたし、男女の区別もなく、頑張れば頑張るほど見返りのある、やりがいのある職場でした。

最初は秘書室にいたのですが、現場のほうが向いていると思い、希望を出し、埼玉県川口市の店舗を任されるようになったんです。そこで、日本一の売り上げも記録しました。

鎌田　すごいね。

柴田　はい、もうバリバリ働いていたのですが、仕事漬けの生活を続けていたせいで、15年ほど経ったとき、家庭が壊れてしまいました。

鎌田　内観してなかったの？

柴田　おっしゃる通りですね（笑）。はい、そのころは、まだ内観のことは知らなかったので。

鎌田　仕事に夢中になりすぎた？

柴田　そうです。ほとんど家にも帰らず、お店で寝ることもしょっちゅうだったし、本社のあるアメリカ・シカゴに出張で行くことも多くて、家のことはお手伝いさんに任せきりだったんです。普通に考えると、家庭は崩壊しますよね。そして、そのことに気づいたときは、時すでに遅しで、妻としても母としても主婦としても、ちゃんとできない自分を責めまくって、うつ病になりました。それで睡眠薬を飲むようになったわけですが、あるとき、睡眠薬を大量に飲んで自殺未遂をしたんです。

鎌田　そのときは何歳くらいだったのですか？

柴田　35歳ぐらいでした。自殺を図ったけれど、救急搬送されて、一命は取りとめ、マクドナルドを辞めたんです。

鎌田　ご主人は、それをどう思われたのですか？

柴田　私はすぐに病院を出たかったので、ヨロヨロしながら夫に肩を抱いてもらいながら退院したんです。その帰り道に夫が私の耳元で「もう、こんなことをする人とは一緒に暮らせない」と言いました。もちろん、夫の言うことはもっともなんですけれども。

ただ、そのときの私には、ものすごいショックでした。そして離婚となりました。私は何もかも失って、身一つで再スタートしました。

鎌田 それからは?

柴田 なんだか、鎌田先生がインタビュアーになってますね(笑)。

はい、それから、イタリアンレストランを始めました。最初は東京に、次に福岡に店舗を出しました。福岡に店舗を出したのは、そのとき、東京で出会った男性がご実家に帰り、肺ガンで余命宣告されたお父さまを介護するというので、そのためです。

鎌田 ええっ! それで福岡へ行くの?

柴田 はい。その方は頸椎《けいつい》を損傷されていて、一人ではお父さまの介護は無理だろうと。それで結婚することになりました。

鎌田　すごいですね。そんなに簡単に結婚しちゃうのですか？

柴田　そうですね。この部分だけ聞いたら、そう驚かれるかもしれませんね。

いろいろな経緯があって福岡でもイタリアンレストランを経営していたのですが、ある夜、うとうとしかけたそのとき、不思議な声を聞いたのです。「愛こそが生きる意味だ」と。後に、それがマザー・テレサの有名な言葉だと知ったのですけれども。そのときに、「レストラン経営は私の使命じゃなかった！」とはっきりとわかりました。もともと、漠然とながらそう感じてはいたものの、それまでの私は飲食業界しか知らなかったため、行っていた事業だったわけです。

母の影響もあり、私は子供のころから、「老人、子供、病人」が好きで、彼らのために何かしたいなとぼんやりと思っていました。不思議な声をきっかけに、「もうお金のために働くのはやめよう」と、翌日レストランを閉め、幸齢者の方のお世話ができる介護の道に入ることにしたのです。

鎌田　借金をしたからというわけではなく？

柴田　いえ、違います。そんなに儲かっていたわけではありませんでしたが、借金もありませんでした。その後、島民６００人ほどの離島に移り住み、介護職を４年間しました。島中を回ってヘルパーをして、とにかく島の文化を知りたいと思ったわけです。

　島は夜になると降るような星が空いっぱいにきらめきます。海に囲まれた島は自然特有の厳しさもあります。島民はそれらすべてを受け入れて、自然の大らかさと厳しさとともに生きている。「ああ、ここで幸齢者の方々の終《つい》の住処《すみか》を作りたいな」と思って、看取りの家「なごみの里」を立ち上げました。

鎌田　「なごみの里」は新たに建てたのですか？

柴田　貯金を使って、空き家を買い上げました。その後、改修や修繕をして、その家をそのまま使いました。

鎌田　このときから看取り士のようなことを？

柴田　はい、そうですね。

鎌田　それは何年？

柴田　２００２年です。

鎌田　というと、宮崎にあるホームホスピスでパイオニア的な存在の「かあさんの家」（２００４年）ができる前ですね。何か頭の中でモデルになったものはあったのですか？

柴田　ありません。

鎌田　「看取りの家」は柴田さんのネーミング？

柴田　地域の人が「看取りの家」って呼んでくださったんです。この家は、最期まで看てくれるからって。

鎌田　すごい！　それは勲章ですね!!　自分で「〝看取りの家〟です」って宣言することはできるけれど、地域の人が「看取りの家」って命名してくれるなんて、すごいと思います。

柴田　そうですか？　ありがとうございます。

鎌田　では、「看取り士」という言葉は誰がつけたのですか？

柴田　2年間、「なごみの里」で生活を共にしてくださった國森康弘さんというフォトジャーナリストの方が、「看取り士」と名付けてくれました。

鎌田　島には診療所はあったのですか？

柴田　はい、医師が一人の病床のない診療所がありました。が、ときどき無医村でした。ただ、もともと無医村の島だったので、島民もその環境に慣れていましたし。

鎌田　なるほど。柴田さんが来てくれて、島の人たちは自分の島を出なくても済むようになったんだ。

柴田　そういう面はありました。

鎌田　島民の方は皆さん「看取りの家」で亡くなったのですか？

柴田　島民の方を看取らせていただきましたが、ご自宅で亡くなったケースのほうが多かったです。私は、行けるところはどこへでも行って看取っていました。

鎌田　島だとそういうことになるのですね。では、万事うまくいっていたわけですか？

柴田　そういうわけではありませんでした。私はよそ者だったので、最初は馴染めず、その後も村の人たちから異物扱いされていました。私は、島の文化を吸収して、私のことを理解してくれたり、ひそかに応援してくださる方に恵まれ、島に骨をうずめるつもりでいたのですが、私がいることで、不必要な混乱を起こしたくないと思い、悩んだ末、13年間住んだ島を出る決意をしました。

鎌田　わかりました。それにしても、柴田さんは、なぜそんなに的を射るのがうまいのでしょう？「看取り」とか、「なごみの里」とか、すごく大事なところに、ご自身で気がついていますよね。そのころは、日本中が看取ることを避けて通っていた時代です。

柴田　私は〝看取り〟に従事するようになって27年になるのですけれども、私の場合は子供のころに看取った父の最期が原点になっています。父の最期は本当に穏やかでした。家族全員に順番に「ありがとう」と伝え、最後に私の手を握って、「ありがとう、くんちゃん」と言って逝ったのですが、私はとても幸せだったのです。

だから、こんなふうに人生の中で幸せな場面に立ち会えたらと思ったのが最初でした。でも、介護の現場に出てみて、現実は、そうではないということをいやというほど思い知らされました。現場では、幸齢者の方々が願う通りに死ねないという悲しいことの連続でした。それでも、「きっとどこかに幸せな場所、幸せな最期がある」と信じて、この活動をすることにしたわけです。

鎌田　なるほど。ただ、柴田さんはカリスマ性があるから、看取り士としてやれているのでしょうが、日本看取り士会で研修を受けたからといって、全員がすぐに「看取り士」を名乗って活動できるものなのでしょうか?

柴田　実は看取り士の6割は看護師です。

鎌田　看護師の免許を持っていて、さらに看取り士の講習を受けているわけですか。

柴田　そうです。最近は、病院勤務の看護師が、在宅看護へ移る前に、看取り士の

講習を受けてから在宅に入るといったケースが増えています。次は介護士の方、それから、自分の両親、家族を看取りたいから講習を受けるという一般の方。

鎌田　親を看取るために勉強する……。それも確かにわかりますね。

柴田　ですから、職業として目指す方、自分のスキルアップのために取る方、親・家族を看取りたい方、この3タイプがいらっしゃいます。

鎌田　なるほど。それにしても、よくやっていけていますね。

柴田　いえいえ、やはり医療現場ではまだまだ逆風が強いのが正直なところです。それでも、最近は、医師会からの講演の依頼が増え、少しずつ医療界の皆さまから応援していただける風潮に変わってきています。

鎌田　今、看取り士は何名いますか？

柴田　357名です。そして、それを支えるエンゼルチームというボランティアが全国に386支部あります（2018年6月7日現在）。

鎌田　ボランティアの人たちは看取り士ではないのですか？

柴田　違います。私の死生観を共有してくれているメンバーです。

鎌田　1カ所に何名くらいいるのですか？

柴田　基本的には、10人で1チームの体制をとることになっています。しかし、地域によって人数が足りない場合もありますので、ご家族、ご近所の方の力をお借りし、看取る方お一人に対して、10人つくようにしています。

鎌田　ご要望はありますか？

柴田　はい、おかげさまで。ただ、看取り士自体、日本全国で350人では、全然足りていないのが現状です。看取りには、24時間対応をするため、看取り士2人がペアを組みます。ですが、それが作れない地域がまだまだ多いです。都内でしたら、看取り士が70人くらいいますのでチームが作れますが、地域によって、まだ手薄なところがたくさんあります。

鎌田　なるほど。良いことをやっているわけなので、早く浸透してもらいたいですね。ただ、医療の現場に入っていくためには、それ相当の資格化が必要になるのではないかと感じますね。

柴田　それは、課題点として改善してまいります。

死は怖くない

柴田　『がんばらない』（集英社文庫・2003年）など、鎌田先生のご著書をいくつか拝読いたしまして、鎌田先生の死生観というのが、私のものととても似ているといいますか、共感する部分がたくさんありました。先生も「死は怖くない」とおっしゃっていますね。それはいつからですか？

鎌田　これまでずっと、怖がった時期はないような気がします。子供のころ、「どうせ死ぬんだ」といつも思っていました。というのも、育ての母のおじいちゃんやおばあちゃんが死んでいくときに、普通の農家の家に母の兄弟たちがみんな集まり、わーっと大泣きして別れを惜しみますよね。だけど、それが一段落すると、みんな、腕まくりをしてお通夜の準備を始めたり、ご馳走を作り始めたりするんです。

子供にはそのご馳走がおいしかったたし、お葬式にしても、普段食べられないようなものが食べられたりとか、遠い親戚のおじさんやおばさんが集まって久しぶりに会えたりして。子供ながら、悲しみよりも、普段会えない人とまた会えたり、おいしいものを食べられたり、結構大事な時間のように感じていました。

柴田 私も同じ世代なので、よくわかります。

鎌田 だから、医者になって人の死を見るようになっても、子供のときの記憶が残っていて、「〝死〟って、マイナス面ばかりじゃなくて、結構プラスになることがたくさんあるな」と思っていたんですね。

同時に、患者さんを看取っていくわけだけど、「いつか近々、自分も逝くからね」という思いでいつも診てきました。

この地球はいのちの集合体で、それぞれのいのちには限りがあって、体の中で新陳代謝が行われなくなると死んでいくわけです。だけど、いのちの遺伝子の中には、

「伝える」という役割が組み込まれていて。僕たち人類は、いのちを途絶えさせずに少しずつ変化を遂げ、人によってはそれを〝進化〟という人もいるけれど、そんなふうに変わっていきながら、誕生を繰り返すわけですよね。

でも、どんなに進化していったとしても、いのちには限りが必ずあり、そのルールの中に僕らも生きている。だから、死はいつか来るというのを、自分も納得しています。そして、そういう視点で、患者さんも仲間というか、「ちょっと遅れて、後から僕も逝くからね」と思っているんです。

地球が誕生してから46億年と言われていますが、その46億年のいのちの歴史から見ると、「20、30年、後から逝くね」という〝時間〟なんて、ほんの一瞬のことです。だから今でも、「いつか必ず死が来る」と自分に言い聞かせていますし、だからこそ「一生懸命生きよう」とか、「後悔しないように、楽しく、面白く生きたいな、人の役に立ちたいな」と考えているんです。「限りがあるいのちだからこそ、一生懸命生きているうちにいのちは終わるけれど、生きた何かは遺っていくんじゃないかな」と、いつも思っているんですよ。

柴田　素晴らしい死生観ですね。

鎌田　私のベストセラーになった著書『がんばらない』なんて、半分は死の話です。2000年に出版しましたが、今でもたくさんの人があの本に「感動した」と言ってくれます。あの内容に感動してくれているということは、日本では死は語りにくい話だったのに、実は語り合いたいと思っているのだと想像しました。

私は43年間、地域で健康づくり運動を行い、短命だった県を長寿県にする挑戦をしてきました。今や、私のライフワークになっています。そうやって長生きへの挑戦をしているからこそ、死は語りやすい。一生懸命、地域を健康にしようとして、それに成功し、今や長野県は長寿日本一の県になりました。

僕の希望はずっと、「地域の中で死の勉強をし合えたらいいなぁ」ということです。たとえ医者がどんなに恰好いいこと言って、「医学はものすごく進歩している」なんて言ったり、実際にどこまで医学が進歩したところで、結局いのちは、いつかはなくなるわけです。1回は助けてあげることはできても、やがて歳を取るし、いつかは死が来る。だからこそ、みんな一人ひとりが、自分の「死の哲学」みたいなものを持ったほうがいいわけですし、僕自身もそうしてる。

柴田　先生の「死の哲学」とは、一体どのようなものですか？

鎌田　「死の哲学」ってわかりにくいけど、せめて自分が万が一寝たきりに近いような状態になったら、胃ろうはつけるのかいらないのか、どちらでも構わないので、その判断を人に任せずに自分で判断することです。また、その希望や判断が変わることも〝アリ〟ですよね。

こうして、自分のことを、一つ自分で決断するようになると、他のことも考えるようになる。たとえば、ガンを宣告されたら、自分だったら何をしたいのか、どうしたいのか、延命治療はするのかしないのか、とか……。自分で決める習慣をつけだしたら、人は生き方が変わってくるのではないかと思います。

僕自身は、人工呼吸器も胃ろうもしてほしくないし、最期のときには、30分でも

1時間でもかけてアイスクリームだけでも食べさせてもらって、それでいのちに終わりがくるというのでいいと思っています。

柴田さんの死に対する思いはどういうものですか？

柴田　私は、看取りという世界で、「最期の呼吸を腕の中で」というスタイルで〝抱いて送る〟ということを実践しているのですが、やはり、いのちのリレー、いわゆる〝いのちのバトン〟というのを、家族、あるいは愛する人、そういう縁者の皆さんが受け継いでいくことで、いのちの重みが伝わっていくなとしみじみ感じています。

きっと、このような習慣は、昔はあったのだろうと思うのです。今の日本は、そのことを忘れてしまっているようですが、それをもう一度取りもどしていくということが大切だなということを、お一人お一人を抱きしめながら見送る中で教えられました。

それは、ぎゅっと積み重ねた〝魂〟というエネルギーを、死という過程を通して渡されるということです。私は体験を通して教えていただきました。ちょっとスピリチュアルな話に聞こえるかもしれませんが、その場の空気が変わったりとか、その場にいる人たちが清められていくといった、そういう体験をたくさん経験しています。

おそらく、現場に何度もいらっしゃる鎌田先生ならわかっていただけると思うのですが、人が亡くなる場所は、非常に浄化された場所です。日本の因習では穢れのように言われますけれども、まったく逆です。

そこできちんといのちを受け取るということを、もっと多くの人に私は知っていただきたいという思いがあって、看取り士の養成や、講座をしているわけです。

それが、医学的にどうとか、科学的にどうとかは、私にはよくわかりませんが、私は、そのエネルギーは愛そのもの、いのちそのものだという伝え方をしています。

これは、私だけでなく、誰でもずっとお体を抱き続けているとわかるようになるのですが、亡くなった後何時間も、首の後ろやお腹がずっと温かいままなんです。

そのぬくもりにふれていただくことによって、たとえば上野先生の提唱される「臨終コンプレックス」がなくなるというか、死に目に会えなかったと嘆く必要はまったくなくなるわけです。

ですから、私たちは、そういう看取りができたご遺族の方々に「間に合って良かったですね」と声をかけています。

鎌田　柴田さんだけでなく、ご家族の方も抱きしめて看取るのですか？

柴田　はい、家族の方に抱いていただくのが基本です。まずは、私がお手本をお見せして、その後、ご家族の方に実際にやっていただきます。

ただ、最初は抱きしめることに戸惑われる方も多いです。実際にそういう場に出合ったときに、スッとできる人、少し戸惑った後にできる人、最後までできない人に分かれます。ですけれども、やっぱりやったほうがいいわけです。

この方法は、島にいたころからやり続けていて、それが現在の「看取り学」につながるのですが、座学も交えながら、〃温かい最期、温かい看取り〃を、ふれることで実現していこうという活動です。

鎌田　フランス発祥の認知症ケアの手法に「ユマニチュード」と呼ばれるものがあります。基本的な技術は、「見る」「話す」「ふれる」「立つ」というもので、中でも「ふれる」ことが一番大切な要素と考えられています。

ユマニチュードはマニュアル化されていて、今、世界中に広がっています。でも、僕は、柴田さんのほうがなんというか、ドロドロして人間らしいというか、好きですね。確立していないけれども、大事なところはつかんでいるといった感じがします。

柴田　ありがとうございます（笑）。

鎌田　柴田さんは背中から抱きしめるのですよね。ユマニチュードは、もっと上品な感じで背中から触るとか、触り方もマニュアルになっているんです。僕は、フランス的にちょっと触られるより、柴田さん流の抱きしめられ方のほうがいいなという気がします。だって、「背中だけちょっと触るのって、なんだかよそよそしくない？」なんて、僕なんかは思ってしまうんですよね（笑）。
まあ、ユマニチュードは、もともと認知症ケアが始まりだから、認知症の人をびっくりさせないための手法だと思うので、目的も違うのでしょうけれども。
ただ、柴田さんはたくさんの看取りをされていて、かなり卓越されていらっしゃる。おそらく、そういう方の腕の中で逝くというのは、死にゆく人にとっては、心強いというか、安心感を持てるんじゃないかなと思いますね。

柴田　そう思っていただけていたら、うれしいです。この方法での看取りは、遺された方々にとってもグリーフケアにつながります。

鎌田　死んだ後も、その人のぬくもりがずっと遺り続けるからというわけですね。確かに抱いてあげたことによって、その人を忘れないってことにもつながっていくし、それが見送った側の悲嘆とか悲しみをケアしていく、自分で自分をケアできていくということにつながっていく可能性はありますよね。

柴田　そうなんです。

鎌田　私も、ご家族が温かくふれ合いながら看取った例はたくさん見てきました。ですが、ベッドの上におばあちゃんが乗っかって、おじいちゃんを抱きしめたっていう姿はあまり見たことがないですね。それは、もしかしたら、いわゆる病院のベッドと、自宅か何かで畳の上に布団が敷かれているのとでは、姿勢の取りやすさが違うというような差があるからなのかもしれませんが。

僕の経験では、ある老年の男女のケースが少し似ています。お二人が高校の同級生か何かで、男性も女性もそれぞれの家庭を持っていたのですが、それぞれのパートナーがすでに他界されていて、お互い一人になっていた。お二人は、ときどきお茶を飲んだり、ごはんを食べるようになっていたのですが、男性がガンの末期になって、うちの緩和ケア病棟に来ました。

僕は、なんとなく二人が支え合っていることがわかっていたから、回診で、病室がお二人だけだったときに、「今日は、僕の回診が終わったら、2時間は看護師もお医者さんも来ませんから」って、退室したことがあります。おそらく、お二人はその後、一緒にベッドに入ったと思うんですよね。ただ、それは柴田流の、みんなの前で抱くようなものとは違って、その二人にそっとそういう時間をつくったという意味合いですけれども。だけど、僕も在宅ケアでたくさん看取ってきたから感じるのですが、もっと田舎のほうに行けば、誰かがちょっとそういうふうに刺激を与えたら、結構、柴田流に近いことをやるんじゃないかなと思います。それを勧めてあげたら、喜ぶ人がいるんじゃないかと思いますよ。

柴田　それは良いお話を伺いました。現在いる約360人の看取り士がその役割をさせていただきます。「看取りの作法」というものがあり、ご家族にそれをしていただいています。もちろんお医者さまや看護師さんたちと連携を取りながら行います。それがもっと広がるといいですね。

先日は37歳で5人のお子さんがいるお母さまが亡くなられたのですけれども、亡くなられてから旦那さまが3時間半、ずっと抱き続けておられました。その間も私ども看取り士が、何をするわけでもないのですが、ずっとおそばにつかせていただきました。

その後、ご主人が、「僕は初めて人の死に立ち会ったけれど、こんなに温かいものだったんですね」ということをおっしゃってくださって、本当にうれしかったです。

今でもご主人から、「亡くなっても彼女と僕は一緒にいるんです」というご連絡を頂戴します。5人のお子さまも、お母さまが息を引き取られた後も、生きているときと同じような感覚で、ふれながらずっとそばにいたのですけれど、ちゃんといのちのバトンがつながれていました。彼女の愛が渡っていったというのを見せていただいて、現場で私たちは勇気をいただいています。

鎌田　なるほど。その点、僕なんかは失敗があります。『がんばらない』の中に、「たぬきのおばあちゃんとおじいちゃん」の話が出てきます。

もう、40年前のことなのですが、「たぬきのおじいちゃん」は白血病でした。当時は告知をしない時代でしたので、ご家族と相談し、「おばあちゃんに知らせるとおじいちゃんにわかってしまうので、知らせないでおこう」ということになったのです。僕もそれに同意して、おばあちゃんにはおじいちゃんは貧血だと説明したんです。ところが、その判断が間違っていたわけです。

病院では抗がん剤を使用して寛解導入し、延命をはかった。そして少し状態が改善すると、治る病気ではない限られた命だからこそ外泊をひんぱんにさせた。ただの貧血だと思っていたたぬきのおばあちゃんは、おじいちゃんがゆっくり養生できるように、おじいちゃんの分まで野良仕事に精を出していた。

外出でせっかくの二人の時間をつくってあげたつもりが、たぬきのおばあちゃんは野良へ行ってしまい、二人ですごすことはできなかった。病気は徐々に悪化し、一年ほどでおじいちゃんは亡くなった。

おじいちゃんが亡くなって数年たってからのことだ。たぬきのおばあちゃんの作ってくれたおいしいイモ汁を食べていると、おばあちゃんはしんみりと、「先生、じいちゃんの病気のこと、なんで教えてくれなかった」と問いかけてきた。「じいちゃんが死んでいく病気で、先生はそれがわかっていて、一生懸命じいちゃんを少しよくしては、家に帰してくれても、私は知らなかったので、じいちゃんを放っぽり出して野良仕事ばかりしていた。じいちゃんは畑のことを心配していた。畑のことは私がしっかり代行しているよ、って見せてあげたかった。野良なんてどうでもよかったのさ。じいちゃんに安心してゆっくり養生してもらいたいから、私は外へ無理して出ていた。たいした用はなかった、外出の日ぐらいどうにでもなったのさ。治らない病気だと知っていたら、じいちゃん一人にしないで、じいちゃんの布団のなかに入って、いっしょにいろんな話をしてあげたかったのに」と、たぬきのおばあちゃんは笑いながら話してくれた。（『がんばらない』より）

おじいちゃんの余命に気づいていたら、おばあちゃんはそうやって布団の中に入っていたはずだったというわけです。僕はそういう時間をつくってあげたつもりだったんだけど、きめ細かく目が配れなかった。だから、二人の時間をつくってあげようと思って外泊をさせても、おばあちゃんはおじいちゃんにゆっくり養生してもらおうと思って畑にばっかり行っていたと言うんです。おばあちゃんは「畑ばっかりやっていないで、じいちゃんの布団の中に入ってあげたかった」って、こう言われたからね。

僕の失敗を柴田流は乗り越えているんじゃないかな。

柴田　鎌田先生は、たぬきのおばあちゃんのお言葉を聞いて、どう感じられたのですか？

鎌田　僕らが医学生だったころは、大学でも死の授業がないという時代でした。他の医師たちが死のことを語らない中で、僕は死のことを地域の人と語り合ったり、患者さんとも語り合うことができると、それなりに自負していたのですが、それでも「たぬきのおじいちゃん」を帰すとき、いのちに限りがあることをわかっていても、家族からの強い希望があったからという理由で、おばあちゃんに伝えなかった。

でも、それは僕の敗北だなと思いました。あのとき、「いのちのことはちゃんと全部正しく伝えたほうがいい」と言って説得すべきだった。それをショックなく伝えられるかどうかは、僕の力量にかかってくるわけだけど。「やっぱり正直に伝えさせてほしい。伝えた後は、僕がおばあちゃんを支えますから」というようなことを、ちゃんとご家族に説明すべきだったと思っています。

そういう意味では、ちょっと反対されたから家族の意向を受け入れてしまうなんて、大学でやっているような医療を批判していながら、大学の医療よりちょっとは前進したように見えるけど、まだまだ未熟だったと思います。今の僕だったらちゃんと全部突破できたと思いますが、当時は敗北でしたね。

死は敗北なのか

柴田　医療の現場では死を教えない、語らないとおっしゃっていましたが、今でも「死は敗北」と学ぶのでしょうか？

鎌田　今はだいぶ変わりつつあるけど、まだ過渡期ですね。未だに、「医療は助けてなんぼ」と思っている人たちが多くいます。その延長線上に、無理に人工呼吸器をつなぐとか、胃ろうにするということをしています。

　本当は、そのときは患者さんとご家族にとって、大切な良い時間、もっと密な時間を過ごせるのに、機械や人工栄養にされてしゃべることもできず、行きたいところにも行けないということが、医療の判断で起こっていることは事実です。

　でも、それって「いのちの質」ではなく、「いのちの長さ」ですよね。質より長さのほうに僕たち医師はまだまだこだわっているところがあって、そのために悲惨で残酷な死が結構多い。だから、悪い記憶が残っている人にとっては、「怖いから、死のことは語りたくない」という反応になっているのだろうと思います。これはごく当たり前というか、自然な流れだと思います。

もっと良い死をたくさん見ていれば、「死は怖くない」と思って語り合えるはずなんです。そういう点で、僕たち医師や、日本の医療現場が死の話を避けるようにさせてしまったことは、責任があると思っています。

柴田　私たちがご依頼をいただくのは本当に幸せな死ばかりなのだと、先生のお話をお伺いして感じました。私どもへの依頼は、実際もう医療から見放されたような方々からが多く、鎌田先生がおっしゃるような残酷な死はもうながらく見ていません。これはある意味、すごく幸せなことなのかもしれませんね。

私たち看取り士が介入できるようなことがあれば、喜んでさせていただきます。

鎌田　日本は、「死の質」が先進国の中で14位なんです。死の質が低いのです。今のままでは、看取り士が広がるのは難しいです。

在宅医療の場でも、医師や看護師たちが大きな力を持っていて、彼らの理解がどうしても必要です。看取り士が法的に死亡診断書を書けるようになるといいのですが、そうではないですからね。医師や看護師たちが看取り士に対して、どう〝リスペクト〟することができるようになるかが「鍵」となるでしょう。

というのも、医師、薬剤師は6年、看護師は3年、または4年と相当の時間をかけて勉強をするのに、看取り士には1週間程度でなれてしまう。

だから、「看護師が看取り士の講習を受ける」と聞いたときは、「なるほどな」と思ったわけです。「すでに国家資格がある人が、さらに勉強しているのであればいいんじゃないか」と。だから、看護師とか、社会福祉士とか、何らかの国家資格を取っている人を前提にするとか、国家資格のない人には、何か相当の臨床実習や、研修を受けてもらうとか、何らかの構造改革が必要かと思うんですよね。そうすると、医師や看護師たちも納得するんじゃないかな。

僕は柴田さんとこうして直接会ってお話をしていく中で、看取り士に対する考え方が少し変わったわけですが、他の350人の看取り士が地域に出て、僕と同じように疑問視する医者や看護師たちに説明するパワーとか、納得させる力があるかと言ったら、どうかなと思いますね。ここまでは柴田さんという個人のカリスマ性で来れたわけですが、これから先は、構造そのものにメスを入れないと、大きな広がりになるには、時間がかかるのではないかと思います。

柴田さんには、ぜひこの活動を広げていただきたいので、期待しているからこその提案です。

柴田　鎌田先生のご意見は、日本看取り士会の未来をより良い方向に導いてくださると、うれしく思います。とても有り難いです。

多死社会の問題点

柴田　今、2025年問題があります。2030年には47万人の〝死に場所難民〟が出ると言われています。だからこそ、一刻も早く、国民一人ひとりのレベルで〝抱きしめて見送る看取り〟をできるようになってほしいという思いで、この活動をしています。鎌田先生が考える、多死社会の問題にはどういうものがありますか？

鎌田　たとえば、高齢者の方は死に関してかなり受容しているのに、その子供の世代、中高年で元気な人たちがそこから逃げちゃっているという問題がありますね。この世代の意識を変えることが必要でしょう。

それから、一部の専門家、特に在宅ケアを行っている医師や看護師たちは、自分たちにとってものすごく大きな問題だとわかっていても、大きなムーブメントまでにはなっていません。

なんとなく地域全体で死の勉強会をしようとか、学び合おうとか、自分の死はこうありたいんだとか、各人が死について思っていることを話すようなところも出始めているようです。とてもいいことです。中高年ぐらいからみんなで話し合う、言い合う訓練みたいなものができていけば、10年後ぐらいには変わるかもしれませんが、現段階では、死に対する壁はまだまだ厚いように感じます。

柴田　そうですね。

てきたという。

鎌田 実は、こうなったのには、医療側にも原因がかなりあるんです。今までずっとそこを避けて通って、医学が進歩すれば助けられるというふうに、幻想を抱かせてきたという。

でも、どんなに進歩しても、少しは良くなっても、ずっと生きることはできないっていう前提でいのちがあるんだということを、もう再認識すべきときに来ています。そうであるならば、自分が最期のときにどういうふうに逝きたいのかということを、自分が選択して自己決定するようにならなくてはいけないと思います。

柴田 日本人は、家族のためとか、誰か他人のために自分を押し殺す傾向がありますが、いわゆる〝わがまま〟でいいわけですよね？

鎌田 そうそう、一人ひとりがね。わがままでいいけれど、わがままで孤立するのではなく、わがままなまま、ゆるやかに社会や家族とつながって、その死が守られて。子供たちやお孫さんたちにとっていい経験として、生きる勇気につながるような看取りがちゃんと行われるようになることが理想ですよね。

日本人はよく、「みんなのいいようにしてくれたらいいよ」って言いますが、そうじゃなくて、「じいちゃんが、何をしたいのか?」というのが一番大切なのです。じいちゃんが、「家族でもう1回温泉に行きたい」と一言言ってくれれば、うちの病院だったら医師や看護師たちが協力し合って温泉に行って、お風呂に入るところまで看護師さんや介護の人たちが付き添います。帰宅後には、夜中に電話をして、体調や状態の確認をするということができます。

大切なのは、そもそも本人が何をしたいかとか、本人がやり残したことは何かということをちゃんと明確にしてくれること。みんながそういうふうに習慣づけていくと、家族も周りも協力し合ってやってあげることができるわけです。それは、柴田さんの言う〝抱いて看取る〟のと同じ作用になるのです。

抱いて看取るという行為が、看取る側のグリーフワークになるのと同じように、本人が持っていた夢とか希望をみんなで解決してあげることによって、遺された家族や友達たちの心がグリーフワークされていくわけですよ。

柴田　おっしゃる通りですね。これから孤独死も増えていくと言われています。そういう場にもぜひ看取り士に事前にご連絡くだされば、ご要望を伺うことができますし、何か寂しいときに声を一言聞きたいということでも構いません。エンゼルチームも派遣させていただいているので、ぜひ「助けて！」の声を上げてほしいと思いますね。

鎌田　「看取り士」というネーミングはとてもいい名前だと思うし、医師や看護師にとっても有り難い存在ではあるはずです。今は両者の間にある壁が厚いことが課題ですね。

柴田　まったく、おっしゃる通りです。一度、理解していただくと、医療従事者の方もご安心いただけると思います。実際、最近では病院での看取りも増えていて、お医者さまや看護師さんのご協力も得られた上で、最期を迎える方もいらっしゃいます。私どもも、医療者の方々のサポート役になれればと思っています。そこにどうやってこれから歩を進めていくかということですね。

夢の実現を目指して――理想の地域包括ケア

柴田　鎌田先生は、長野で30年以上地域包括ケアの仕組みをつくっていらっしゃいますよね。

鎌田　はい、〝地域全体で幸せに生きよう〟という思いで、健康づくり、在宅ケア、地域での看取りの三本柱で始めました。僕が在宅医もしながら地域をあちこち回って、患者さんたちにとって必要なこと、地域にとって必要なことが見えてきたときに、それをつないだら簡単にできるようになるんじゃないかと感じたことを形にしていったのです。

きっかけは、風俗で働かざるを得ないようなシングルマザーのお母さんたちのためだった。子供を預かってもらわないとお母さんたちは仕事ができません。そのため、風俗が所有するアパート、マンションに住んで、風俗が運営している保育園に子供を預けていたんですね。もちろん、それが良いことだなんて、お母さんたちも思っていません。でも、子供を育てるために、稼がなければならない。しかも屋根のあるところが必要なわけです。

だから、シングルマザーのためのシェアハウスを作って、逃げ場みたいなものがまずは必要だろうと思ったわけです。

一方で、認知症の人たちが日中に行くデイサービスのような施設で、朝夕は子供がごはんを食べられるこども食堂を、日中は認知症カフェを開けばいいのではないかと。そうすると、一つの施設で効率よく運営できますし、認知症の人と子供たちの交流もできます。異なる年代のいろんな人たちとの交流ができることは、互いにとって多くのメリットがあります。

こんな場所をつくると、今度は働き手が必要になる。そこで、シングルマザーのお母さんたちに、朝から夕方までその運営の部分で働いてもらう。夕方になったら、子供と一緒に食堂でごはんを食べることもできます。もちろん、共働きの親御さん

図　空き家で地域活性（地域包括ケア研究所）

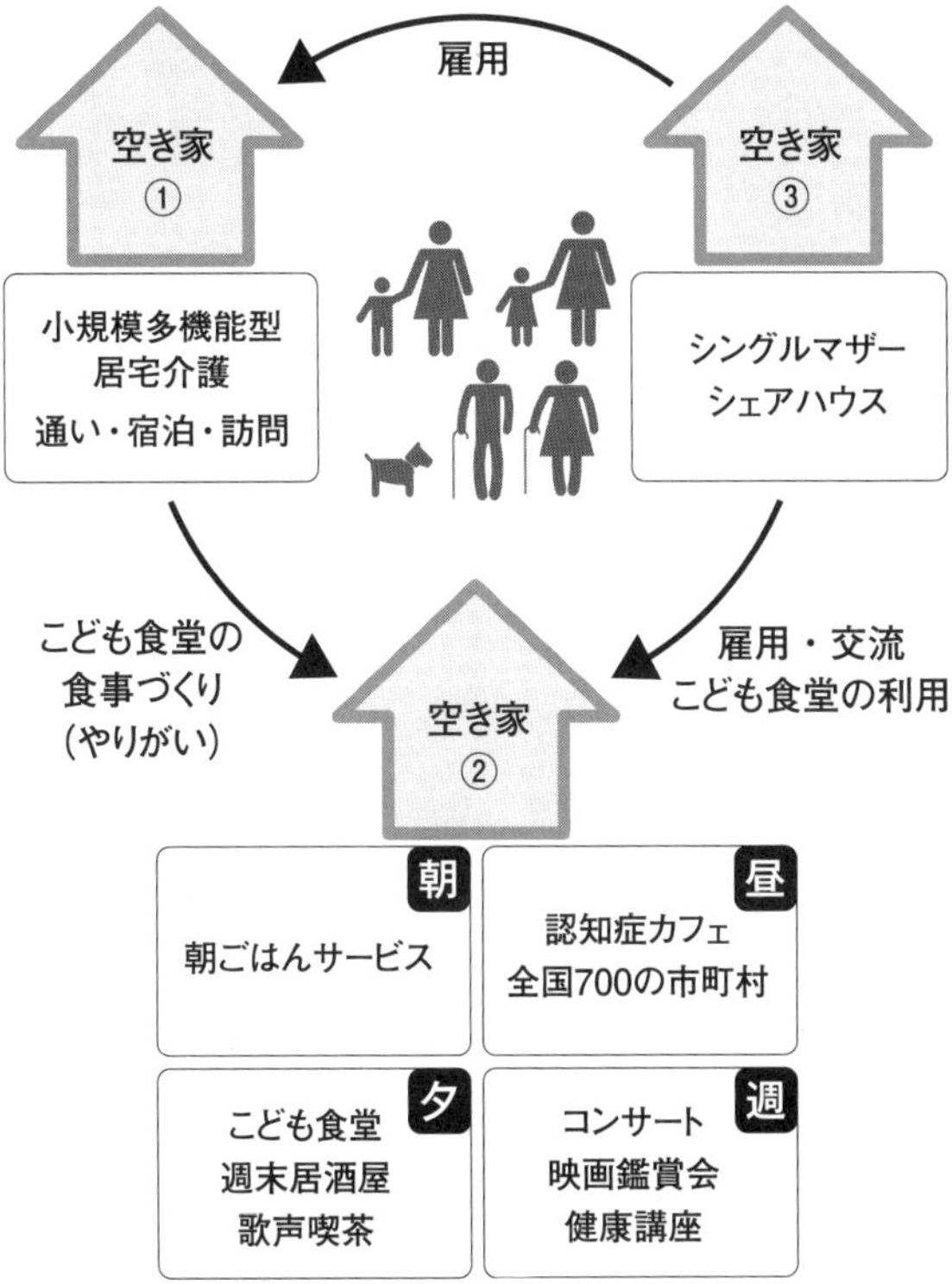

鎌田氏が所長を務める地域包括ケア研究所では、「医療・職業・住環境」の要素をベースに人々が本当に幸せな暮らしができる街づくりを目指す。全国に820万戸あるとされる空き家を有効活用し、地域活性化につなげる試み

も利用できます。
これ、全部、空き家を利用してできることなんです。今、日本には820万戸の空き家がありますが、地域包括ケアをすることで、空き家問題も解決できますよ。

柴田　鎌田先生のお考えに大変共感しております。実は、私もこのような構想を長年考えておりまして、これに看取りの家を加えた形を、来年あたりから岡山で始めたいと思っているんです。

鎌田　すごい!! 柴田さんのパワーだったらできますよ！ 全部！

柴田　できますか!? 私、これを人生の最後の仕事にしようと思っていたのです。ですから、いろいろ教えていただきたいなと思っていました。

鎌田　ぜひやってください。軌道に乗るまで何度でも応援に行きます。講演に行ったり、人集めに行ったり、何でもやります。

柴田　本当ですか？ うれしい！ ぜひよろしくお願いします。

鎌田　この仕組みをつくると、本当にいろんな人が助かるんです。それに、世代を超えた交流ができる。ただ、僕の構想の中には、最後の看取りの家が入っていませんでした。柴田さんが島でやっていた看取りを入れたら、もう完璧ですね。

柴田　最後のところは「わがままハウス」という名の看取りの家を作ろうと思っています。

鎌田　ああ、それはいい！　僕は考えることはできるけれど、柴田さんには、それを実現させるパワーがあるね。

柴田　そこまで言っていただき恐縮です。

鎌田　いやいや、柴田さんのパワーは尋常じゃありませんよ。

柴田　え？（笑）

鎌田　自分では当たり前のように思っているかもしれませんが、今までされてきたことも、できる人はそういないものです。

柴田　そうですか？　ただのオバさんですけれど（笑）。

鎌田　看取りの家がこの地域包括ケアの中にあると、看取り士というのがここでモデルになって、評価されていくようになるかもしれないですね。

柴田　看取りの家で、実習をどんどん重ねていくという構想なんです。

鎌田　多死時代はもうやってきているし、これからは、病院だけで看取るなんて、もう絶対にできない、というのははっきりしています。

医師も訪問看護師も、夜中にしょっちゅう患者の家に行くわけにもいきません。そうなると、看取り士さんにお願いしようとする流れもあり得るでしょう。看取り士のニーズは必ずあるはずです。そのためにも、看護師ライセンスに負けないぐらいの教育の構造をつくってください。

迫力があるねー

柴田　わかりました。いろいろとありがとうございます。

鎌田　それにしても、こんな人間がいるのかなと思いました(笑)。

柴田　それはどういう意味ですか？

鎌田　良い意味で〝病気〟だなと思いますよね。病名はね、「壁を見ると壁を壊したくなる病」ですよ(笑)。

柴田　病気ですか……(笑)。

鎌田　それに柴田さんには迫力があります。だから、さっき言ったような地域包括ケアを、本当に日本で初めて実現するかもしれませんね。

今、僕たちの国ってよどんじゃっているから、新しいことを始めるには、ものすごいエネルギーがないとなかなか壁を壊せないですよね。さっきの国家資格の問題もそうなのですが、既得権みたいなものがすごく幅を利かせている社会になっています。それをなんとかみんなでぶち壊したい。

そういう意味で、僕は「地域包括ケア」という言葉を使って30年やってきたんだけど、今、国が提唱している「地域包括ケア」って、「お金がなくなって施設が作れなくなったから、各地域の人が自分たちでなんとかしてよ」みたいなトーンに感じるんです。その場しのぎのような、安易な発想で地域に任せきりにしているようなところが国にはあるようで。

そうではなく、「在宅ケアは面白いからだ」とか、「在宅ケアは中身がいいからそれをやろうとしているだけ」といった方向で進めていかないと。

実際、柴田さんは、すでに島にいたときからすでにそのことに気づいていらして「看取りの家」とか、誰もやらないようなことをやりだしていたわけですよね。

柴田　はい。もちろん大変なこともありましたが、面白かったから、25年も続いているんだと思います。

鎌田　ですから、地域包括ケアシステムが面白いこともご存じのはずです。その通り、地域包括ケアっていうのは、実際、なんでもアリで、いろんなことをやれるんです。

もっと自分の頭を使って、ユニークで面白いことを考えれば、誰でも面白いことやれるのに、みんな、国が示した雛型みたいなものを倣うようにつくるだけ。そして、疲れてしまっているんですよ。「国の言う通りにやったけれど儲からない」って……。

僕は、「それは違う」と言いたい。儲けを優先するのではなく、地域の人たちが幸せになれるかどうか、このシステムをつくることを楽しめるかどうか、です。もちろん、赤字ばかりでは運営ができませんが、優先順位がまったく違う。

その点、柴田さんはいろんなところで贅沢をせずに、一生懸命自分で働いて、稼いだ分を投入しながら、島の「看取りの家」を運営された。その根底には、島民の幸せだとか、運営を進めていく上で、多くの人が喜んだり、楽しむという要素があったはずです。そういうことを実行に移せるというのは、やはり熱いですよね。

柴田 ありがとうございます(笑)。私は非常に不器用で、やっぱり一つの道しか歩めません。あれもこれもやりたくても、他のことができるような器用な人間ではないんです。

でも、これからは、鎌田先生からご提案いただいた地域包括ケアを、看取りまで寄り添える場所を岡山で地道につくっていこうと思います。先生にはぜひご協力をお願いしたいと思います。

鎌田　待ってます。応援に行きます。

柴田　うれしいです。今日は本当にありがとうございました。

尊厳ある最期が守られる社会を目指して

２００4年、私の処女作『「ありがとう」は祈りの言葉』（佼成出版社）を出版して14年が経ちます。

その間に、看取りの活動は島根の離島から本土に渡り、拠点を岡山に移しました。活動は、看取りの家「なごみの里」から、「看取り士」と無償ボランティア「エンゼルチーム」という形態に姿を変え、在宅ホスピス活動を全国に展開しています。看取りの活動を始めて25年、私は今、日本一の幸せ者だと思っています。

現在「看取り士」は３５０人を超え、無償ボランティア「エンゼルチーム」は３８０支部を超えました。

たくさんの人々に支えられ、こうして活動ができることに感謝するばかりです。

25年間、そのいのちすら差し出して私に看取ることを教え導いてくださった方々。旅立ちはいのちのバトンを渡す尊いときだと、今までの死生観を大きく覆すプラスの死生観へ導いていただきました。それは次世代への最大のギフトでした。

また活動のためにご尽力いただいたすべての皆さま。

皆さまのおかげで、挫けそうになる弱い自分を奮い立たせることができました。

そして私の愛する家族に。

わがままな私を見捨てることなく根気強く見守ってくれたこと、何より幸せです。

本書を出すにあたりご尽力いただきました編集協力の田中響子さん、佼成出版社の平本享也さん、柴崎安希子さんの真心に感謝をしています。

私の夢は、すべての人が最期の瞬間に、愛されていると感じて旅立てる社会創りです。すべての方の尊厳ある最期が守られる社会になることを願ってやみません。
マザー・テレサは、インド・コルカタの「死を待つ人の家」で多くの人を見送りながら、このようにおっしゃいました。

私は自分の心の中に、死にゆく人々の最後のまなざしをいつも留めています。そして私は、この世で役立たずのように見えた人々が、その最も大切な瞬間、死を迎えるときに、愛されたと感じながら、この世を去ることができるためなら、なんでもしたいと思っているのです。（ホセ・ルイス・ゴンザレス－バラド編・渡辺和子訳『マザー・テレサ　愛と祈りのことば』PHP文庫・2000年）

私の箴言《しんげん》です。

本書執筆の最中、映画『命のバトン』（仮）の製作が始まりました。映画製作にも、私の願いに共感してくださった多くの方々がご協力くださっています。皆さんがより良い人生、最期を送るための要素として、本書、また、映画がその一助を担えるのであれば、これ以上の幸せはございません。
これからもこの大きな夢に向かって力を尽くします。

ご縁をいただいたすべての皆さまに深い深い感謝を込めて。

すべての尊いいのち
やさしく　やさしく　やさしくと唱えながら

看取り士　柴田久美子

2018年6月

■著者略歴

柴田 久美子（しばた くみこ）

1952年、島根県出雲市に生まれる。老人福祉施設に勤務後、離島で看取りの家を創設する。活動の場を本土に移し、一般社団法人「日本看取り士会」を設立。「看取り士」として旅立つ人に寄り添うかたわら、「看取りの文化」を伝える講演活動などを展開している。現在、一般社団法人「なごみの里」代表理事、一般社団法人「日本看取り士会」会長。著書に、『「ありがとう」は祈りの言葉——隠岐の離島に生きる幸齢者たち——』などがある。

一般社団法人「日本看取り士会」

〒701-1152　岡山県岡山市北区津高634-10

E-mail　staff@mitorishi.jp

URL　http://mitorishi.jp/

私は、看取り士。
わがままな最期を支えます

2018年9月30日　初版第1刷発行
2022年5月15日　初版第4刷発行

著　者　柴田久美子
発行者　中沢純一
発行所　株式会社佼成出版社
〒166-8535　東京都杉並区和田2-7-1
電話　(03) 5385-2317（編集）
(03) 5385-2323（販売）
URL　https://kosei-shuppan.co.jp/
印刷所　大日本印刷株式会社
製本所　大日本印刷株式会社

◎落丁本・乱丁本はお取り替えいたします。

ISBN978-4-333-02785-9 C0295